二十一世纪报系
21st CENTURY MEDIA GROUP

中国最佳品牌建设案例VII
品牌创建之路

·清华大学中国企业研究中心
·21世纪研究院品牌研究中心
主编

南方日报出版社
NANFANG DAILY PRESS
中国·广州

图书在版编目（CIP）数据

中国最佳品牌建设案例. Ⅶ / 清华大学中国企业研究中心，21 世纪研究院品牌研究中心主编. — 广州 : 南方日报出版社，2020.8（重印）
ISBN 978-7-5491-1407-8

Ⅰ. ①中… Ⅱ. ①2… ②清… Ⅲ. ①品牌—企业管理—案例—中国 Ⅳ. ①F279.23

中国版本图书馆 CIP 数据核字（2016）第 103255 号

ZHONGUO ZUIJIA PINPAI JIANSHE ANLI

中国最佳品牌建设案例. Ⅶ

编　　者：清华大学中国企业研究中心，21 世纪研究院品牌研究中心
出版发行：南方日报出版社
地　　址：广州市广州大道中 289 号
责任编辑：刘志一　郑　颖
装帧设计：冯荻庚
责任技编：王　兰
责任校对：阮昌汉
经　　销：全国新华书店
印　　刷：广州市怡升印刷有限公司
开　　本：787mm*1094mm　1/16
印　　张：11.75
字　　数：145 千字
版　　次：2016 年 5 月第 1 版
印　　次：2020 年 8 月第 8 次印刷
定　　价：38.00 元

投稿热线：（020）87360640　　读者热线：（020）87363865

序言

在这本品牌案例书中，我们根据当前的环境特点，选择了九个来自于不同行业的现实案例，它们既有共性又有特点，能够使读者在多方面获得品牌塑造的经验和启示。“招商银行：玩转世界杯，让品牌无处不在”以及“晶石灵：‘最美世界杯’掀动国际狂潮”两个案例，分别来自于银行业和珠宝业，它们以世界杯为契机，开展高水平的体育营销，卓有成效地提升了企业的品牌形象。“NU SKIN 如新：品牌匠心，走‘有人味’的企业之路”“上海家化：启初品牌全新上市整合营销推广”以及“诺亚财富：不止于财富”这三个案例，分别来自于护肤保健业和投资理财业，它们在品牌建设上重点强调了慈善特征和人文关怀，不仅提升了品牌的形象，而且取得了不俗的经营业绩。“马应龙：新媒体环境下的品牌整合营销”以及“海尔：海尔兄弟归来”两个案例，分别来自医药行业和家电行业，但它们均有效地利用了新媒体来开展品牌营销活动。除此之外，“朗诗：绿色创造未来”的案例来自于地产行业，品牌诉求强调环境友好概念，走出了一条全新的品牌定位路线；而“华为：荣耀品牌之路”这一手机品牌案例，则描述了华为人高举科技导向的大旗，突飞猛进，誓做全球互联网手机领导品牌。

这本品牌案例书是由清华大学中国企业研究中心与 21 世纪研究院品牌研究中心合作编写的。我们一直本着共同助力中国品牌成长的理念，合作编写对中国企业的品牌建设有实际参考价值的鲜活案例，如 2013 年由经济管理出版社出版的《强势品牌是如何缔造的》，以及 2014 年由新华出版社出版的《就这样做品牌》，这两本书各选编 10 家优秀企业的品牌建设案例，受到读者的好评。可以说，这些书的出版是我们精诚合作的结晶。而这本《中国最佳品牌建设案例Ⅶ·品牌创建之路》是我们紧密合作的又一成果。在此，我要感谢21世纪研究院品牌研究中心给予本系列品牌案例书的持续支持，也要感谢清华大学科研院自主科研项目（20131089275）给予后两本书的资助。

本书收录的案例是在2014年和2015年“中国最佳品牌建设案例评选”获奖企业中挑选出来的，这些企业为案例的编写提供了第一手素材。在案例编写过程中，帮助我们获得资料的企业界人士包括：华为公司荣耀品牌总监周纯芳、海尔公司的黄柳芳、NU SKIN如新公司华南区市场经理叶莉思、上海家化企业媒介部公关经理吴优、马应龙药业品牌管理部部长陶然、朗诗品牌代理公司的吴萌、招商银行品牌管理室高雯倩、诺亚财富品牌市场中心总监潘华，以及晶石灵品牌代理公司的公关客户总监潘庆林。感谢他们对本书素材的提供所做的贡献。

本书是由清华大学中国企业研究中心负责组织编写的。参加编写的成员有：清华大学的于春玲副教授、刘蕾博士、刘龙珠博士及博士研究生张瑾和硕士研究生戴斐尧，西安工业大学的李纯青教授、马军平副教授、吕美副教授、张海丽博士和王宇凡博士，以及江苏师范大学的叶楠副教授。在此，对他们的辛勤工作表示感谢。

我还要特别感谢的是21世纪研究院品牌研究中心的蓝洁女士。她对整个案例书的策划，案例的挑选，与企业的联系，直到最后出版，都付出了大量的努力，没有她的工作，本书是无法完成的。

虽然这本品牌案例书即将完成并出版了，但中国企业的品牌建设还需持续的努力，打造国际化知名品牌的事业更是任重而道远。如果这本书能够对此有一些助益，我们所有作者必感十分欣慰。

赵平博士

清华大学中国企业研究中心

目 录

华为
荣耀品牌之路

在山寨机的年代，中国市场一度有超过6000个手机品牌，而现在，参与竞争的国产手机品牌已经不到70个。甚至有人预测，随着市场集中度的不断提高，国内排名前十的手机品牌将占有95%左右的市场份额，预计未来99%的国产手机品牌都将被逐出市场。

红海，已经不足以用来形容中国智能手机市场竞争的激烈程度，以至于业内人士常常称之为“血海”。如何在如此惨烈的竞争当中生存下来并占据一席之地，甚至发展壮大“一统江湖”，是盘绕在每一个怀有雄心的手机品牌心中的恒久课题。

对此，年轻的荣耀当然也不例外。即便背靠华为这棵大树，这个凉却并不好乘。

第一节　荣耀的历史轨迹

一、笨鸟单飞

荣耀员工常常称公司为一只不等风的笨鸟。这个说法源自荣耀总裁赵明的一句经典语录："荣耀要做的不是互联网风口上的猪，而是一只笨鸟，目标坚定，有耐心，慢慢飞，不停下，飞到成功之时。"然而，无论现在这只笨鸟飞到了怎样的高度，要看清它的飞翔轨迹，还得回到笨鸟离巢单飞的那一刻来探个究竟。

荣耀的品牌名字由华为消费者BG CEO、华为终端总裁余承东亲自拍板，余承东觉得这个名字像极了华为人的特质，有很强的国家荣誉感和集体荣誉感。顶着这个具有光环的名字，荣耀2011年年底扬帆起航。

但是，对于荣耀人来说，真正开天辟地的纪元是2013年12月16日。这一天，荣耀独立，正式迈向一条荣光之路；这一天，华为宣布荣耀成为智能终端子品牌，同时推出荣耀3C、荣耀3X，成为荣耀第一代里程碑式的产品。新的荣耀品牌将被重新定位，作为华为子品牌独立运营，致力于为移动互联网消费者提供产品，以电商渠道为主，主打性价比和互联网营销。

荣耀的独立，华为多多少少受到了小米互联网思维及其巨大成功的启发。无可辩驳的是，小米确实开启了一个时代，不仅是互联网手机的时代，也是互联网营销的新时代。充分利用社交媒体兴起的契机，在放弃传统广告宣传和渠道分销模式的情况下，小米用极低的成本却博取了极高的品牌知名度和随之而来的火爆销量。时代催生变革，荣耀单飞，华为下了一着险棋，意在最大限度地让荣耀摆脱华为固有思维的桎梏，最大限度地发挥互联网基因来赌一赌未来。

荣耀独立后，在华为的手机业务中，华为与荣耀形成互为补充的双品牌格局。在价格定位和竞争对手方面，华为主攻3000元以上高端机市场，与苹果和三星等国际巨头竞争，而荣耀则瞄准中端和低端市场，竞争对手是小米、联想、魅族、vivo、OPPO 等国产手机品牌。在渠道策略方面，荣耀走年轻的互联网品牌路线，专攻互联网和电商渠道，华为则偏向延续传统分销与运营商渠道。

二、乘着互联网的风

荣耀给了自己这样一个品牌定位：做全球互联网手机领导品牌。

如果撇开荣耀如今的成就不看，回到当初来看这句话，是有些夸下海口的意思。毕竟荣耀也算是从华为内部半路出家，跟小米与生俱来的互联网基因还有些不一样。然而，纵观这只“笨鸟”离巢两年来的轨迹，其对互联网劲风的理解与把握着实令人惊艳。

在中国玩互联网，少不了和互联网巨头的合作。

传播方面，2014 年 5 月开始，华为荣耀先后通过手机 QQ、微信发布首发的预约活动。借助腾讯 QQ 和微信平台的巨大影响力，荣耀直接预约销售，取得了不俗的成绩。例如在与手机 QQ 合作中，荣耀交出了 6 天超过 700 万预约量的答卷。荣耀还和百度联姻，借道百度爱奇艺实现自身硬件和爱奇艺软件的结合，打造了一款手机影院——荣耀爱奇艺 X1，主打卖点为 7 英寸高清大屏 + 爱奇艺黄金会员特权，海量大片免费看、全站无广告等。2014 年 9 月，荣耀和腾讯游戏合作，在腾讯 TGA 移动游戏大奖赛推出荣耀 6 Android 版大赛专用手机，突出荣耀 6“游戏级”性能。

渠道方面，荣耀联合了诸多互联网 B2C 平台进行合作，如京东、天猫、苏宁易购等，促进荣耀快速发展的同时，也实现了渠道共赢。2015 年天猫双 11，荣耀领跑天猫获得惊艳的成绩：品牌成交额第一；店铺成交额第一；店铺成交量第一；单品成交量第一；销售额手机品类排名第一，单日达 11.93 亿元。

利用互联网合作伙伴的用户资源及其传播、渠道优势，荣耀打造了一场场互联网营销的盛宴，以低成本、广覆盖的传播和渠道特色，最大限度提升品牌影响力和冲击产品销量。

“世界是你们的，也是我们的，但归根结底是你们的。”毛主席的这句话用在互联网和移动互联网上恰到好处，互联网世界归根结底是属于年轻人的，互联网手机的消费群体也应当瞄准年轻人。荣耀牢牢把握年轻消费者的目标市场，尤其是移动互联一族，主打性价比和极致的产品体验。2014年6月24日，荣耀6发布，这是荣耀品牌真正意义上的第一款旗舰机，不仅如此，与荣耀6同时发布的是“勇敢做自己”的荣耀品牌口号。“勇敢做自己”是一个用户召集令，召集的正是那些勇敢追逐青春与梦想的年轻人，共鸣出年轻人一种理性的价值认同。

华为虽然是传统企业，荣耀虽然是半路出家，但这似乎并没有影响荣耀乘着互联网的劲风奋力飞翔，带着互联网思维，穿互联网的鞋，走出荣耀的路。在成立两年间，荣耀以互联网的思维不断创新，坚守产品体验为核心，并通过“依靠消费者，服务消费者”的C2B模式，持续优化产品，让产品更贴近用户。互联网的本质是平等、开放、去中心化。荣耀遵循这样的法则，保持与消费者完全对等的沟通，聆听消费者的声音，从而不断为消费者提供更多满足需求的高性价比产品。

三、飞得更远

提起荣耀，人们很容易将其与手机画等号，然而荣耀的产品线却并不止于此。荣耀平板、荣耀盒子、荣耀路由、荣耀电力猫、荣耀手表系列、畅玩手环，以手机为旗舰，以华为优势技术为依托，荣耀正在铺设一条越来越全的产品线。

更重要的是，荣耀并不满足于中国这块蛋糕，其海外市场拓展速度同样惊人。

2014 年下半年，荣耀正式进军海外市场。10 月 28 日，荣耀在德国发布荣耀品牌，并重磅推出荣耀 6，在欧洲 14 个国家——德国、法国、西班牙、意大利、英国、荷兰、波兰、捷克、斯洛伐克、匈牙利、挪威、丹麦、瑞典、芬兰同步发售。在 24 小时内，荣耀 6 在欧洲首批货品售罄，创下了华为消费者 BG 在欧洲的最快销售纪录。此外，荣耀 6 在德国、法国、西班牙、意大利、英国五个亚马逊网站都荣登最畅销手机排行榜，在法国的亚马逊网站上，荣耀 6 在亚马逊全部科技类产品中超越 iPhone6 位列第四；而在手机品类中，荣耀 6 黑、白款一举包揽了最畅销手机的第一、二名，其受欢迎程度可见一斑。此外，成功进入 74 个国家和地区，荣耀仅用了一年半时间。仅 2014 年全年，荣耀海外销售量就达 150 万台。通过海外电商平台复制在国内市场的做法，荣耀大步流星地走向全球。

尽管小米等国内的玩家也想在海外分一杯羹，并在印度等市场收获了不俗的成绩，但从海外布局的广度来看，荣耀可以算得上是互联网手机品牌中第一个真正意义上的全球化品牌。荣耀的海外拓展速度跟华为全球布局的优势密不可分，依仗华为的全球渠道优势，可以预期荣耀的全球化之路才刚刚开始。

第二节　中国手机市场

一、微增长时代

中国智能手机市场蛋糕虽大，但正在进入微增长甚至负增长时代。

据 IDC 报告显示，2015 年第一季度中国手机市场出货量为 1.1 亿部左右，同比下滑 3.7%。其中智能手机市场出货量为 1 亿部左右，同比下降

4.3%。来自中商产业研究院的数据也显示，2015 年上半年中国手机市场共生产手机 7.61 亿台，同比下降 4.55%。这是过去 6 年以来，中国智能手机市场第一次出现季度同比下滑。同比数字的下滑表明了中国手机市场的饱和趋势。据市场研究机构 Counterpoint 的说法，中国智能手机渗透率已经超过了 90%，这意味着中国智能手机的用户基本已经都拥有了一部手机，市场进入存量博弈阶段，增长主要来源于换机而非原生的需求。

二、竞争的“血海”

一方面，市场日趋饱和；另一方面，竞争却越来越激烈。

总体来讲，中国手机产业呈现出国际品牌和国产品牌定位差异、各据一方的竞争格局，但有交叉渗透、双向抢滩的趋势，中端市场成为主要阵地。苹果、三星等国际巨头，凭借其强大的资本、品牌和技术优势牢牢占据高端机市场，而三星还有逐渐延伸到中低端市场的动作。国产品牌锋芒不弱，以华为、小米等为代表，凭借其互联网品牌的强大号召力、超高的性价比、长期经营的粉丝群体，也是牢牢站稳中低端市场，并逐步向高端市场进军。

国际品牌的优势在于定位高端，利润区间大，以及寡头市场地位优势，虽然受到国产品牌的冲击，总体而言日子还算舒服。但巨头之间也有区别，苹果如日中天，三星则在激烈竞争中已经显现颓势：三星财务数字显示，2015 年第二季度依然未能止住六个季度来的下滑趋势，三星方面表示，4 至 6 月营业利润不及预期，初步估计较上年同期下降 4%，营收也可能会下滑 8.4%。

国产品牌则高歌猛进，上升态势明显。2015 年上半年，国产手机发展迅速，出货量及市场份额不断扩大，尤其在 2000 元以下中低端市场。2015 年上半年，华为全球总出货量 5000 万台，其中 5 月实现单月销量超 1000 万台关口。从荣耀单个品牌的表现看，上半年全球销量 2000 万台，用半年时间便完成了 2014 年全年的销量水平。小米方面的数据则显示，2015 年上半年，小米手机销量为 3470 万台，同比增长 33%，连续五个季度保持国内手机销量第一。在华为和小米之外，其他国产手机厂商也表现不俗，魅族尽管上半年销量仅有 890 万台，但同比增长则高达 540%。2014 年和 2015 年上半年，国产品牌智能手机的中国市场占有率已经超过 70%。从关注度来讲，ZDC 统计数据显示，2015 年上半年用户对国产手机的关注度已经超过了国际品牌。

然而跟国际巨头一两家独大的格局不同，国产品牌呈现群雄割据的态势，在市场集中度迅速提升的当下，这里才是真正竞争的血海。现在中国智能手机有 500 多个品牌，光是大众叫得出名字的国产品牌已经够拼杀一阵了：华为、小米、魅族、vivo、联想、OPPO、中兴……大多数并没有核心技术，其中 95% 正在或将在未来几年内被淘汰。为了在竞争中站稳脚跟，各大手机品牌各出奇招，打响舆论战、价格战、渠道战、配置战、榜单战，于是本就热闹的互联网世界变得更加热闹。

这种局势下，手机厂商如何制定有效的品牌战略，落实有吸引力的品牌建设方案，占据广大消费者更多的心智份额，成为时下手机厂商需要面对的重要课题。

第三节　荣耀的品牌建设

一、年轻就够（Go）勇敢

荣耀用自己的实际行动寻找到占据消费者心智的金钥匙——与目标消费者共鸣。

荣耀常常强调自己的目标消费群是年轻人，聚焦在以互联网生活为中心的年轻族群，如数字原住民、职场新秀、青年蓝领、学生族群等。然而全球范围内的新生代，所谓的数字原住民，无论是90后，还是00后，甚至包括80后，他们面临很多误解，被人为地贴上不属于他们的标签。荣耀CMO张晓云曾经这样描述她心目中的“荣耀青年人”：“可以是一个理工男，戴眼镜不戴眼镜无所谓，像Geek但也是创客，喜欢摇滚，但不颓废，可以毕业后不找工作就穷游世界，也可以突然炒掉老板开个花店……他们不按常理出牌，当时都清楚自己是谁，想去哪里！”

因为年轻，所以勇敢。荣耀希望这些年轻人能在恣意的青春中，勇敢地找到自己的初心。勇敢做自己的第一件事，就是要勇于回归初心，坚持最初的理想，而这样做的前提，首先你要知道自己是谁。之后，才是勇敢地去做。

于是，荣耀2015年的品牌传播主题被确定为几个铿锵的字眼：“GO！勇敢！荣耀自己”。“GO！勇敢！荣耀自己”起初是荣耀用来诠释“勇敢做自己”的品牌精神的口号，在2014年就已经提出。然而荣耀内部认定光有口号是不够的，还希望能够让荣耀，让荣耀的用户、花粉一起行动起来，把口号转化为一种行动力，这种行动力在策略上的表达就是“GO！勇敢！荣耀自己”。

“GO！勇敢！荣耀自己”不仅是荣耀的品牌的口号，也是对活跃在丰富多彩各个领域的年轻人的一个召集令，以“行动力”“参与感”“平台化”“年轻化”四个关键词做指导，荣耀从年轻人喜欢的事情——公益、运动、创客、影像、音乐等切入年轻人的生活，为他们提供平台，鼓励年轻人追随自己真实的内心，朝着自己期望的路，去行动、去勇敢探索、去定义属于自己独特角度的美。在这条润物细无声式的品牌塑造之路上，荣耀从开始就作为一个参与者，而不是居高临下的控制者、指导者的角色出现，在自己营造的青年文化社区里，荣耀和年轻人站在一起，共同探索品牌发展的新道路。

二、Always，与年轻人同行

年轻人活跃的领域是丰富多彩的，与他们站在一起，2015 年荣耀开启了一轮 360 度全方位品牌活动的序幕——公益、电影、音乐、体育、创客、极客、极限等。

1. 公益篇——真爱梦想基金——梦想教室

“荣耀品牌必须要有温度和情感，必须要着眼于未来。”荣耀总裁赵明如是说。

怀着这样的信念，荣耀发起了真爱梦想基金——梦想教室大型教育公益活动。从 2014 年 12 月 1 日起，荣耀在 v-mall 销售平台上每销售一台荣耀品牌手机，就向真爱梦想基金捐赠 1 元，用于支持真爱梦想基金公益项目“梦想中心”，帮助欠发达地区的孩子们积极成长。真爱梦想基金覆盖了梦想教室的建设费用和未来 5 年的梦想课程实施费用，包括教师培训及 IT 技术等多个方面，帮助欠发达地区青少年享有更好的受教育机会，让孩子们自信、从容、有尊严地成长。

除了资金上的大手笔投入，荣耀还作为主导者发动员工和庞大的花粉队伍，举办了万里骑行活动，为沿途所经地区的孩子们放电影、做游戏；通过收集员工闲置手机，资助山区青年师生手机，更收获无数鼓励祝福的明信片；从花粉中召集志愿者，远赴四川大凉山区送手机、送平板甚至以助教等方式参与到其中来，献出自己的一份心意，为当地学生提供教育支持。荣耀通过各种渠道扩大“梦想中心”公益项目的社会影响力，从而带动更多人来关注欠发达地区的青少年教育问题。

2015 年 6 月 16 日，第一所荣耀花粉真爱梦想中心在勐朗镇中心小学建成。截止到目前，已经建成 32 所“荣耀梦想中心教室”，覆盖全国 14 个省，受益学生有 3 万多名。荣耀总裁赵明表示，梦想中心教室在未来要拓展到至少 50 所（图 1）。

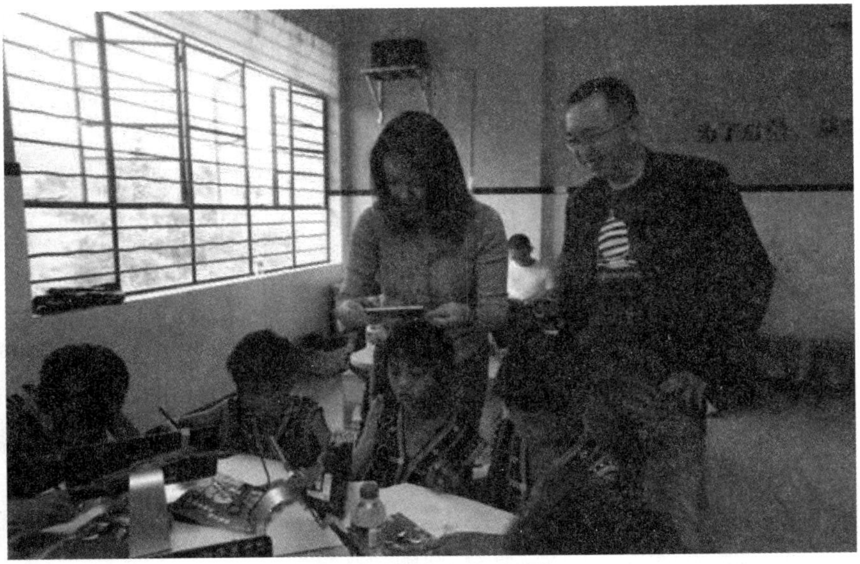

图 1 梦想中心的孩子们

除了教育公益方面，荣耀还在印度设立荣耀基金，每出售一台荣耀 6 Plus 和一台荣耀 4X 手机，将有 0.1 美金进入荣耀基金，用于奖励当地的初创企业和创业者。荣耀畅玩 4X 也以同样的主题挺进台湾，开启了圆梦计划。

2. 体育篇——“荣耀百公里”

2015 年 3 月 21 日，荣耀举办的“GO 勇敢！荣耀百公里”活动在深圳湾运动公园开启，淋漓尽致地展现了年轻人勇敢、极限、挑战的运动精神。

2015 年的荣耀百公里活动全程 102.3 公里，以深圳湾运动公园为起点，途经中心公园、梧桐山、大梅沙、溪涌洞背、比克厂，最终落脚于大鹏文化广场。2014 年荣耀就曾举办“荣耀百公里”活动，2015 年延续辉煌，参与人数再创新高，已经成为全国最受关注的极限徒步运动之一，获得了年轻粉丝和户外运动爱好者的热烈追捧。

2015年的百公里活动总共收到报名团队4189个，共计人数27073人，活动当天参加人数更是超过了7万人，比2014年参与人数增加1万人，现场十分火爆。

活动现场，500多位身着白色“GO荣耀！荣耀百公里”和“勇敢做自己”服装的荣耀军团，成为活动中最亮丽的风景线。荣耀的忠实花粉们再次集体出征，演绎着“勇敢做自己”的风貌。活动现场还来了许多华为的员工，其中包括了荣耀总裁赵明，同花粉们一起大声喊出“GO勇敢！荣耀百公里”的口号，将现场的气氛推向了高潮。百公里路程，虽然艰辛漫长，但参与者们一路乐观自信，有说有笑，享受着运动和生活本身带来的乐趣。值得一提的是，2015年是荣耀总裁赵明第一次参加百公里，首次亮相就陪同花粉们走完起始的20多公里，虽然因为肩负着出差印度的任务没能走完全程，但毫无疑问赵明以高管的身份亲自披挂上阵，不仅展示了自己一颗年轻的心，也完美诠释了荣耀如何一直陪伴在年轻粉丝身边见证勇敢的奇迹。

百公里的战线是漫长的，身体疲累是必然的，这一点荣耀也为参与者们考虑到了。经过了一夜的“奋战”，参与者们陆续到达了第五加油站，在这儿有荣耀的工作人员为大家精心准备的早餐和水果，也有荣耀人对每位领取早餐的参与者送上的温暖和加油鼓劲的支持。

全程路上荣耀“特工”不时出没，将荣耀的产品融入到百公里中支撑整个活动的进行。他们手持自拍杆用荣耀6 Plus记录下“荣耀百公里”途中最美的笑脸。荣耀提供的畅玩4X、荣耀手环等产品，也为参与者提供助力，记录下他们一路的辉煌战绩。在各站点安置的荣耀路由器，让所有参与者在签到处用上WiFi，把骄傲的记录第一时间分享给亲朋好友。而在终点的涂鸦墙，则成为荣耀专属的靓丽风景，不少人在涂鸦墙前拍照，并手持点赞卡留影，庆祝自己百公里挑战成功。

图2 参与荣耀百公里跑

有长有短，除了百公里，荣耀还有一个 “GO！荣耀7公里”的Mini马拉松活动。2015年6月12日，荣耀7公里校园Mini马拉松比赛在北京工业大学开启，邀请奥运冠军马琳激情领跑。再一次，荣耀总裁赵明与花粉们一起并肩同行。

3. 电影、创客、音乐、极客、极限、明星丰富多彩

除了以上提到的公益、运动主题外，“GO！勇敢！荣耀自己”主题系列活动还横跨多个领域，时刻陪伴年轻人的步伐（图3）。

电影方面，2015年荣耀举办了“荣耀新力量2.0短片大赛”。这次大赛是荣耀品牌致力于支持青年导演成长的行动计划，鼓励青年人勇敢行动，突破自我，去写、去拍真正有营养、有新意、有力量的故事，完成从故事创意到故事、短片、电影的梦想征途。

大赛由荣耀和致力于电影创新孵化的机构种子娱乐联合主办，并联合多所国内顶尖艺术院校。荣耀更联合5位电影业内幕后大咖组成特训营金牌导师团队倾情加盟，与新力量导演们一起创作和行动。这其中包括《少年班》《中国合伙人》编剧张冀，《匆匆那年》总制片人朱振华，超级网剧《心理罪》导演五百，《让子弹飞》编剧危笑，《咱们结婚吧》

出品人包世宏，为青年导演们带来更多专业上的指导，分享自身宝贵的经验故事。

创客方面， 2015 年 9 月 23 日，在 2015 壹零科技节暨荣耀创客嘉年华媒体发布会上，荣耀正式宣布：为了给创客群体代表的新青年搭建创新与创造的平台，荣耀将冠名赞助 2015 壹零科技节核心板块——创客嘉年华活动，打造包括荣耀中国首届创客改装车大赛、荣耀特约工作坊、荣耀万里行等一系列体验性强、趣味性高的项目，旨在建立创客间交流的平台，使创客精神走近大众，共同引领“自造快乐”的全民创客时代。

图 3 荣耀电影与创客等

“荣耀是一个具有创客精神的年轻品牌，我们的用户是一群‘勇敢做自己’的新青年。他们心怀梦想、敢于行动，希望通过自己的点滴努力，成为创客英雄。”荣耀品牌部部长徐淑芬表示，“作为新青年的成长伙伴，荣耀希望联合创客嘉年华等创客资源，为新青年的创客之路搭建发展平台。”

音乐方面，荣耀携手咪咕音乐，发起荣耀·咪咕和它的朋友们音乐巡演，邀请胡彦斌、黄义达等艺人在10座城市勇敢唱响心声。荣耀还赞助了汪峰深圳演唱会，在成都草莓音乐节上，特设“荣耀6·18夺宝7冰”砸冰赢手机活动，用自己的实际行动来支持音乐活动。

极客方面，荣耀进一步走进高校、走近极客。荣耀与上海同济大学开办了创新移动课堂，并将携同济青年学子游学意大利，通过15天的课程体验国际化跨科技合作、感受文艺复兴之美。

极限方面，荣耀也在不断挑战“极限”，深化“Go！勇敢！”的主题。2015年4月15日，荣耀赞助登山教练及北京奥运珠峰火炬传递手黄春贵团队共同攀登上了珠峰。

荣耀邀请了陈坤作为首位明星伙伴加入荣耀传播正能量的活动。系列活动包括勇敢故事征集，大篷车、勇敢故事影展，以及助力陈坤的公益项目“行走的力量”。从9月1日到7日，荣耀作为行走的力量全程合作伙伴，提供了专业的通信设备为团队保驾护航。

4. 花粉篇

提起华为，说到荣耀，必定少不了华为和荣耀专属粉丝——花粉的身影。

2014年12月18日，华为在北京举行了首届的花粉年会。作为2014年华为收官的最后一场线下大会，花粉年会规模盛大，发出各种优惠福利，聚齐了千人规模。来自全国乃至世界各地的花粉通过各种方式齐聚北京751创意广场，共度了一个属于花粉的夜晚。

“如果你有一千万用户，那么你一定会成为行业中的名人，如果你的品牌拥有一千万可以深度互动的粉丝，那么你将拥有改变行业的力量和机遇”，“如果你已经拥有了一千万深度粉丝却不懂得加以利用，无疑是富有者最大的尴尬”，一位资深媒体人在谈到企业粉丝时曾经这么精准地评价。幸运的是，华为正在享受着粉丝带来的力量和机遇。拥有近千万粉丝的花粉俱乐部已经成为了华为品牌与消费者沟通的最好平台，无论是华为手机最新产品动态还是种种富有新意的玩法，每一个华为用户都能在花粉俱乐部找到属于自己的空间。

不同于过往企业一厢情愿的打扰式营销，荣耀潜心沉入用户的生活场景中，化打扰为帮助，通过开辟不同的平台和社区群落，介入丰富多彩的活动领域，给年轻人提供机会，帮助他们实现梦想，让他们去勇敢做自己。相比于其他企业功利性很强的营销活动，荣耀反其道而行，踏实经营粉丝社区，真正融入青年文化生态，也正是因此，荣耀参与或主办的这些活动受到年轻人的热烈响应。荣耀品牌部部长徐淑芬如是评价荣耀的品牌建设活动。

从这个角度来说，荣耀的“GO！勇敢！”系列活动是非常聚焦的，聚焦于当下年轻人的社会文化生活，无论电影、音乐，还是公益、体育，都是荣耀对青年文化聚焦的具体表现形式。（图 4）

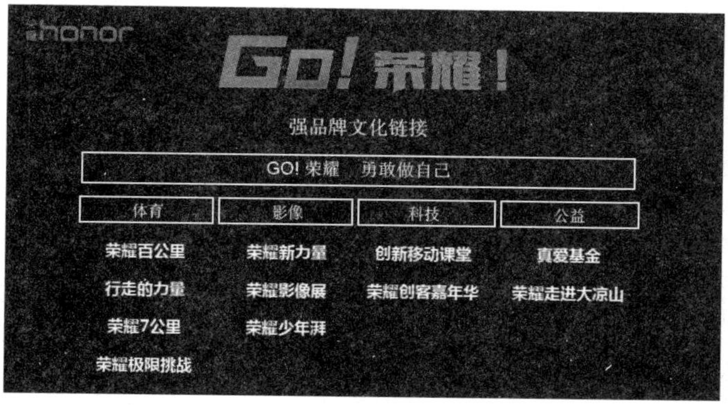

图 4 勇敢收获人心

有趣的是，当荣耀已经做了这么多的事情，而我们访谈荣耀团队品牌总监周纯芳先生，询问他做这些活动之前的预期效果是什么的时候，得到的答案竟然是“我们没有怎么考虑预期效果”。周先生说：“符合荣耀文化、符合荣耀所倡导的精神，我们就去做，做的时候，并没有很大的功利性和目的性，也没有花很多精力去考虑活动预期效果。”或许这份纯粹不功利的心态也是荣耀品牌建设成功背后的动因之一。

然而不管是否有预期，荣耀的勇敢显然已经收获了人心。

从活动的直接效果来看，“Go！勇敢！”全系列微博话题阅读总量达 8727 万，微博话题讨论总量达 52.3 万。以荣耀创客嘉年华为例，该活动收获 2136.4 万微博阅读量，9.5 万讨论量，300 篇新闻搜索，以及超过 9 万人现场参与。

2015 年 10 月 30 日，由中国商业报纸领导者《21 世纪经济报道》发起主办，全球最大的综合性品牌咨询集团 Interbrand、China Brand Center 中国品牌研究中心联合支持的第十一届“中国品牌价值管理论坛”召开。该论坛以品牌建设案例“金象奖”总决赛的评选做开场，荣耀品牌代表在总决赛答辩环节，对荣耀“GO 勇敢品牌推广系列案例”做出陈述，经过评审，荣耀斩获本届中国品牌建设案例“金象奖”金奖。这是对荣耀品牌建设成果的一个权威性的肯定。

经过不懈的努力，荣耀在品牌资产方面已有不小的斩获。据知名调研公司益普索调研，在中国市场，荣耀品牌满意度高达 90%，领先于苹果的 87%，全行业第一，在中国市场，荣耀产品重复购买率为 81%，仅次于苹果（82%），远远领先于其他品牌。

根据中关村在线的关注度调研数据，2015 年上半年，中国手机市场上三星以 16.0% 的关注比例排名第一，华为、苹果分别以 13.8%、12.5% 的关注比例分居第二、三位。整体来看，华为已经在第一阵营中站稳脚跟。

2013 年 12 月月底，荣耀独立运营。成立以来，荣耀以令业内瞠目的销售增速迅速蹿红， 2014 年收入达 24 亿美元，较 2013 年 1.09 亿美元增幅超 20 倍。2015 年上半年，荣耀共销出 2000 万台智能手机，销售额达 26 亿美元，仅用半年时间就完成了 2014 年全年的成绩。2015 年 10 月 27

日在成都举办的荣耀畅玩 5X 发布会上，总裁赵明宣布荣耀已经提前完成全年 4000 万台销量、50 亿美元销售额的喜讯。荣耀的速度，连荣耀人自己都觉得是个奇迹。在我们对荣耀团队品牌总监周纯芳先生的访谈中，问到这样一个问题："如果让您说一件最近两年中国手机市场给您留下印象最深刻的一件事是什么？"周先生饱含自豪地回答："我会说是荣耀，连我们自己都觉得荣耀的成长速度是一个奇迹。"

——案例启示——

手机行业目前正在经历着巨大的变化，互联网使得商业环境很大程度上从运营商主导转移到消费者主导，所有产品设计和品牌发展都以打动消费者为最终目的。从这方面看，荣耀案例带给我们诸多启示：

1. 顺应时代要求打造品牌

荣耀品牌建设的第一点成功之处，正是顺应了这个时代，努力去挖掘和学习互联网时代营销的本质。荣耀抓住消费者需求这个关键点，不遗余力去洞察消费者心理，把荣耀品牌打造为一个有内涵、有文化意味、有灵魂的精神符号，对于消费者而言，选择荣耀不仅是拥有了一部好手机，更是选择了一种生活态度和生活方式。

2. 产品要真正融入目标市场

荣耀手机能够真正融入年轻人的社群与生活，同目标客户群打成一片。从独立至今，荣耀一直按照互联网的迭代思维，不断更新换代，抓住了年轻人的想法、依附于年轻人市场，逐步打造年轻人喜欢的品牌。荣耀采取的是一种润物细无声式的品牌塑造之路，从开始就作为一个参与者，而不是居高临下的控制者、指导者的角色出现。在自己营造的青年文化社区里，荣耀和年轻人站在一起，共同探索品牌发展的新道路。

3. 笨鸟先飞

回到荣耀的初心，做一只努力的笨鸟。荣耀倡导“笨鸟”精神，笨鸟就意味着专注，专注于修炼内功，专注于消费者的产品体验，关注如何打造有品质的产品，如何让消费者在产品体验、品质层面认同荣耀，这就是荣耀倡导的“笨鸟”精神。能用笨鸟的态度去做产品创新，无论是在尚显浮躁的中国大市场环境，还是在竞争激烈的全球市场环境中，都是极为难得的产品精神。正如荣耀总裁赵明所说，“笨鸟要坚持笨下去，不管什么时候都要练硬自己的翅膀，才能顶风、逆风都可以飞”。

短短两年间，荣耀从一个跟随者一步步走来，取得如今的成绩，一方面继承了华为 27 年踏实肯干的 DNA，另一方面“生而互联网”能坚持不断自我改变，在互联网的大环境中快速转型，立志成为现在互联网手机领导品牌。笨鸟不等风的精神，成为荣耀品牌获得成功的核心。

看向未来，荣耀的前景是充满希望的。但是，互联网时代瞬息万变，消费者的口味越来越挑剔，越来越喜新厌旧，荣耀当下顺风顺水屡创奇迹，不代表能够在未来甚至两三年的时间内保持如此的势头。但笔者也相信，只要能够保有笨鸟的初心和追逐勇敢的信念，荣耀的飞翔轨迹一定会越来越高。

（编写：戴斐尧）

海尔
海尔兄弟归来

海尔兄弟新形象的亮相预示着海尔兄弟的强势回归！

2014年3月1日，海尔集团正式启动“大画海尔兄弟”新形象创意征集活动，利用互联网邀请全网用户共同参与创作海尔兄弟的新形象。尽管此次征集活动的目的在于汇聚网民智慧，共同打造海尔兄弟的全新形象，让一代经典再次回到人们的视线中，但是，不得不说，这次的征集活动既是一次品牌故事的延续，又是一件非常成功的品牌营销事件。

海尔兄弟新形象创意征集活动过程中的开放和交互充分体现出了海尔已然具备的互联网气质。海尔以一段名为《海尔兄弟玩不坏》视频短片作为此次“大画海尔兄弟”活动的收官之作，并正式公布了海尔兄弟的新形象。在短片中，海尔对此前在网络上开展的“大画海尔兄弟”新形象创意征集活动中网友的各种“搞怪”作品进行了展示，而后，这对小兄弟在智慧老人的再塑造下变身为新形象。在短片的结尾，海尔兄弟的新形象依次出现在影视剧、出版物、衍生品、游戏等动漫产品的示意图上，既代表了海尔兄弟的强势回归，更预示了海尔兄弟未来在文化产业方面的发展远景。

第一节 海尔兄弟的诞生

带着美好寓意的两兄弟诞生了（图1）。

图1 海尔兄弟新形象

1984年，35岁的张瑞敏接手“青岛电冰箱总厂”（海尔集团的前身），这是由濒临倒闭的两个集体小厂合并成立的。当时的电冰箱市场品种繁多竞争十分激烈，为了闯出一片天地，张瑞敏提出“起步晚、起点高”的原则，明确了海尔的名牌发展战略。1984年10月海尔与德国利勃海尔公司签约合作，大胆引进德国利勃海尔公司的冰箱生产技术和设备，投资建设了亚洲第一条四星级电冰箱生产线，生产出了亚洲第一代“四星级”高品质冰箱，由此开启了海尔的名牌之路。

1985年，海尔从品牌宣传和产品装饰考虑，成功设计了象征中德儿童的吉祥物“海尔兄弟”——一个名叫琴岛的黑头发中国男孩（海尔哥）和一个名叫海尔的黄头发德国男孩（海尔弟）。为了体现中德双方的友好合作，海尔将第一代冰箱产品起名为“琴岛（青岛谐音）—利勃海尔”，其商标由“琴岛—利勃海尔”文字和“海尔兄弟图形”组成，寓意中德双方的合作就如同这两兄弟一样亲密、充满朝气并拥有无限美好的未来。此后，海尔在其所有的45个商品和服务国际分类上均申请注册了“海尔”“Haier”和“海尔兄弟”图形商标。海尔兄弟形象由此诞生。随着海尔集团的发展，海尔兄弟的卡通形象伴随海尔的产品走进了中国的千家万户。

第二节 《海尔兄弟》巨制成功问世

海尔兄弟有自己的精彩故事了。

海尔兄弟卡通形象是海尔集团的品牌形象。张瑞敏非常重视海尔的企业文化发展，他一直希望将海尔的企业形象投资于动画片艺术市场。从20世纪80年代初开始，他曾两次分别委托上海和台湾的动画片制作商进行制作，但是动画片的故事情节和拍摄效果都不十分理想，由此，张瑞敏曾一度放弃了拍摄动画片的打算。

其实，企业借助投资拍摄动画片来提升自身形象已有成功的先例。20世纪60年代，由卡西欧公司投资拍摄的《铁臂阿童木》不仅风靡日本，还一度在美国NBC电视台播放。1983年，《铁臂阿童木》在中国上映并引起轰动，卡西欧公司的电子产品也由此迅速打进中国市场。

海尔在1992年曾以海尔兄弟卡通形象为原型，投资创作了第一部动画片《琴岛与海尔》（图2），片名与海尔的一款冰箱牌子“琴岛海尔”几乎一致，故事讲述的是哥哥琴岛和弟弟海尔在音乐岛战胜敌人的故事。这部动画片首次将海尔兄弟卡通形象以故事的形式活灵活现地展示给大家。动画片的播出在市场上引起了热烈的响应。即使在过去了二十多年后的今天，仍然有很多80后对这部动画片念念不忘。这部动画片的拍摄和播出，可以说是海尔集团将企业形象投资于动画片市场的一次成功试水。

然而，真正让海尔兄弟家喻户晓、一举成名的是，1996年开始投放于市场的长达百集的动画片《海尔兄弟》。全剧共四部212集，是一部以环球历险为主线，集娱乐性、知识性、趣味性于一体的，寓教于乐的巨制动画片。这部动画片由海尔集团和中国北京红叶电脑动画公司联合投资约6000万元，历时八年打造。动画片的主人公正是海尔集团的动漫形象代言——琴岛、海尔两兄弟。这部动画片不仅沿用了海尔的两个经典的卡通形象，并赋予了他们新的象征意义和故事情节，并因此让这两兄弟真正活在那个年代人们的心里。

图2 《琴岛与海尔》动画片

《海尔兄弟》堪称是中国动画史上科普类动画的巅峰经典之作。这部长篇动画一共四部共包括212集，超过同样由企业投资拍摄的《铁臂阿童木》。《海尔兄弟》从1993年开始投入制作，1995年完成第一部并于1996年上映，之后连续制作播出三部，于2001年完成并播出第四部。这部动画巨作由上百名中国艺术家参与创作，全部的画稿排列在一起可长达1000公里。尽管在长达8年的拍摄过程中遇到过很多挫折和困难，甚至涉及双方企业的合作，不过最终还是坚持下来，使得212集的动画巨制得以问世(图3—图5)。

一部动画片让两兄弟——琴岛、海尔成为了海内外的名人。

《海尔兄弟》动画片颇具现代感的动画形式，给观众带来了全新的视觉效果和深切的内心感受，并以引人入胜的故事情节满足了各个年龄层观众一探究竟的好奇心。整个故事情节饱含丰富的科学、人文、地理、历史，集知识性、趣味性于一体，深受小朋友和家长的喜爱。同时，海尔兄弟正义、正直、勇敢、善良、诚信、智慧的形象脱颖而出、深入人心。

图 3 《海尔兄弟》海报

图 4 《海尔兄弟》动画片

图 5 《海尔兄弟》动画片 DVD

《海尔兄弟》的巨大影响力让这部动画片得到了美国最大卡通频道的青睐和签约。动画片在该频道播出前曾在美国儿童中进行了测试，测试的结果让人惊喜：测试发现，如果在孩子们看《海尔兄弟》动画片的途中关掉电视，他们会立即再打开电视；当意图用其他方式把他们从动画片中吸引开时，却没有一个人离开。这说明孩子们确实非常喜欢这部动画片。不仅仅是孩子，大人们也喜欢这部动画片。他们认为《海尔兄弟》中的人物形象生动亲切，所阐述的道理浅显易懂，融知识性与趣味性于一体，集科技与生活于一体，是有教育意义的节目。能够在米老鼠的家乡受到欢迎，其魅力可想而知。这部动画片因其巨大的影响力和对社会的积极贡献而获得中国电视动画片、儿童片最高奖项“金鹰奖和金童奖”以及“第六届亚洲儿童文学大会”金奖。

第三节　一次成功的品牌营销

海尔兄弟的成名是海尔一次非常成功的品牌营销。

随着《海尔兄弟》的热播，“海尔兄弟”成为家喻户晓的动画形象，成为一代孩子的童年记忆，也成为海尔集团的核心品牌资产。不得不说《海尔兄弟》是海尔人对社会最好的回报。同时，《海尔兄弟》也取得了市场的成功，海尔集团也由此获得了长足的发展，进入了良性循环。这里既有着市场机遇也有着海尔掌门人张瑞敏敏锐的发展眼光和智慧。

作为海尔集团的品牌形象，海尔兄弟的形象打造是海尔企业文化发展不可或缺的一部分。

《海尔兄弟》最后的定位以知识为核心，寓教于乐且带有对大自然的一些不解之谜的提示。准确的定位正是其深受少年儿童欢迎的主要原因之一。

《海尔兄弟》诞生时正值中国动画产业的萧条时期，国内呼吁支持动画市场、救救孩子的呼声此起彼伏。《海尔兄弟》的播出得到了中央电视台的支持，最初几集播出后，社会反响很强烈，海尔兄弟受到儿童的喜爱和欢迎，海尔的美誉度随之快速提高。可以说，《海尔兄弟》的成功与当时中国动画发展的整体政策环境和产业环境息息相关，与国际动画品牌授权衍生市场增长迅速有关，也与地方政府强力推动动画发展有关。正如《海尔兄弟》制片人孟金枝所说，海尔投资拍摄动画片确实显示了海尔决策层的独具匠心。像海尔这么大的一个企业，每年的广告费都要花几亿元，但这几亿元砸出去，真正在人们心中沉淀下来的不会有多少。然而，动画片对儿童的影响十分深远，儿时留下的印象往往也是最深刻的，投资几千万元拍摄一部动画片，可能会影响一代人，看过《海尔兄弟》的人在潜移默化中就会认可海尔。事实也证明了这一点（图 6）。

随着动画片的播出，海尔兄弟的形象家喻户晓、深入人心。“海尔”作为地道的中国民族品牌，既有利于对民族家电产业潜在消费群的培养，又有利于民族品牌在消费者心目中地位的确立，这无疑是海尔集团向更高、更强发展的百年大计。

图 6 海尔兄弟纪念品

而后，海尔集团全力进军儿童用品产业，包括童鞋、童装、文具和玩具等配件在内的综合性儿童用品类，为海尔集团带来了巨大的社会效益和经济效益。这部动画巨作在中国新时期动画史上具有特殊意义，它不仅仅是中国制作的首部原创百集动画片，更是中国企业通过投资拍摄动画片提升自身形象的成功先例。海尔集团以自己的品牌形象为主人公制作动画片，不但宣传了企业，也为中国的少年儿童提供了一份精美、健康的精神食粮，为民族素质的提高做了一件意义深远的好事。不仅体现了优秀的海尔企业文化，更进一步宣传了海尔，提高了海尔的知名度和美誉度。不得不说“海尔兄弟”成功地将企业宣传与文化发展、社会公益事业有机地结合了起来，这是知名企业将企业文化与品牌建设有机结合的成功创举，是一次成功的品牌故事营销（图7）。

图7　海尔兄弟出版物

第四节　海尔兄弟归来：大画海尔兄弟

海尔兄弟新形象创意征集活动在互联网上正式启动。

1996年《海尔兄弟》动画片的热播，琴岛、海尔两兄弟在20世纪末风靡一时，海尔兄弟形象伴随着中国80后一起成长。海尔兄弟形象LOGO曾出现在海尔各类产品外观中数十年。但随着动画片的快速发展，动画形象多元化，海尔兄弟逐渐淡出大众视野，海尔电器上的兄弟形象也悄然消失，如今，大多数90后对“海尔兄弟”更是几乎不认识。作为中国第一大家电品牌，海尔试图唤醒海尔兄弟品牌在中国受众心目中的故有认知，发掘海尔兄弟品牌在年轻族群中的影响力。

21 世纪以来，互联网占据主流媒体主导地位，成为人们生活中不可或缺的一部分。而 80 后、90 后年轻群体作为互联网的主力人群，正是海尔品牌形象传播的主阵地。

2014 年 3 月 1 日，由海尔集团企业文化中心主办的“大画海尔兄弟”创意征集活动正式启动（图 8）。此次活动的目的在于通过互联网征集海尔兄弟民间创意，通过汇聚网民智慧，共同打造海尔兄弟的全新形象，让一代经典人物形象——海尔兄弟再次回到大众的视线中。

然而这次为期 45 天的创意征集活动面临着多重挑战。

图 8 “大画海尔兄弟”宣传海报

对海尔来说，这次的“大画海尔兄弟”创意征集活动不仅要博得最广泛的关注，同时，要征集到高品质的作品。要让新的海尔兄弟突破原来的严谨老牌固定形象，既保持大牌尊严又要接地气。通过互联网的互动，让 80 后重温海尔兄弟，让 90 后认识并喜欢上这俩弟兄。此外，以小博大，以最少的硬广告投放实现最大化的曝光和引流，也是这次活动的主要目标。

要实现以上几点，就需要以“海尔兄弟新形象征集”为中心仔细洞察和解决四个问题（图 9）：who are they（谁参与）、where are they（在哪参与）、what they do（正在做什么）、how to do（该怎样做）。简单来说就是要找到合适的参与者，包括能够贡献优质作品的设计师和动画设计工作室，他们是能够形成传播源的群体，也可能会成为有创意的“玩家”，又或者是KOL（关键意见领袖）。参与者还包括能够帮助传播内容的人群，例如，爱围观、爱吐槽、爱分享的全民。活动不仅要让创意大师们放开手脚“策”起来，“大画”海尔——这是优质作品输出的保障，也要让创意玩家们放开手脚“玩”开来，“大话”海尔——这让活动有更广泛的影响力。甚至通过“恶搞”诱发更多互动和话题，激发网民的无限潜能。正所谓“亦正亦邪”，两种不同方向力量的碰撞才会有绚丽的火花。

图9 “大画海尔兄弟”活动策划

第五节 一场征集演绎成一次社会化事件

原发事件引爆，一场有计划的征集活动演绎成一次有话题、有内容的社会化事件。

“海尔兄弟新形象征集活动”的可参与面极广：专业人士，可通过中国最具人气的设计类网站——站酷、Arting365、淘米网3个分赛区提交创意作品参与评选；非专业人士，可通过“为新形象贴标签”等趣味互动和网友讨论，作为大众评委参与评选。而站酷的“最娱乐”大奖，更是助力年轻网友“玩意”大爆发（图10）。

作为国内经典原创卡通形象，海尔兄弟是大多数80后的美好童年记忆的一部分。在活动的主战平台上，海尔还特意策划了“好兄弟一起雷欧”

图 10 “大画海尔兄弟”活动参与平台

活动，这首海尔兄弟动画片主题曲在20世纪80年代曾经脍炙人口。通过“好兄弟”“好姐们”“好伙伴”“老同学”等不同维度的原创漫画，勾起海尔兄弟粉丝们的怀旧与分享情结（图11）。

图 11 “大海尔兄弟”原创漫画

在活动征集的同时，海尔还为设计师和海尔兄弟的粉丝们打造了“海尔兄弟营”这一平台，在这里，大家一起讨论儿时的趣事，一起与儿时伙伴分享情感，一起为《海尔兄弟》加油。设计师们对于海尔兄弟新形象的各种想法和创意，都能够在这个平台上进行分享和展示，给海尔兄弟提供了源源不断前进的动力。

然而，这场声势浩大的征集活动真正被引爆则是源于“中国第一家电品牌‘海尔兄弟’遭恶搞”的原发事件。由于活动是全民征集的方式，作品中出现了一些“恶搞式创意”。甚至，被网友吐槽“童年尽毁，不忍直视”。但是，随着“恶搞”事件话题不断刷头条，海尔兄弟新形象征集活动瞬间引起了大众的迅速围观。恶搞设计作品被细心的网友们收集、整理，再发上了微博。短短两天内，“海尔兄弟”成为了热门的微博关键词，海尔品牌也因此变得火热起来（图12）。对于这种情况，尽管海尔也通过官方微博呼吁“设计师们，不要再淘气了”，可就在3月15日，海尔却通过网友自发报名的形式，在北京召开了一次“吐槽会”（图13），讨论该不该“恶搞”，并与网友们面对面讨论海尔兄弟的新形象设计方向。

图12 被“恶搞”的海尔兄弟

图13 海尔“吐槽大会”

海尔这一不失大家风范的行为博得了绝大多数80后、90后的好感。

有评论认为，海尔邀请普通参与者一起沟通，听取网友的意见，让网友意志推动事件的走向，其中体现出来的平等、沟通、对话和分享，充分体现了海尔的互联网精神。

在这次事件中，海尔无形中紧紧把握着事件的走向，征集活动并由此锦上添花，使得一场征集活动最终演绎成一次社会化事件，在这次事件中，关于“海尔兄弟”更广泛的创意热情和参与热情被激发了出来。

第六节　从品牌营销走向文化产业生态圈

不得不说，“海尔兄弟新形象征集活动”是海尔又一次成功的品牌营销事件。在此基础上围绕海尔兄弟的卡通形象打造文化产业平台，成立了海尔文化产业发展有限公司，进入动漫产业、手机游戏产业、电影产业，甚至是衍生品产业等。

海尔在互联网发起的这场“海尔兄弟新形象征集活动”，利用社会化传播方式，通过“事件话题”“病毒传播”“吐槽大会”“娱乐大奖”等多种方式引发社会热议，在以80后、90后青年为主体的互联网环境中成功地进行了一次品牌营销。

“大画海尔兄弟”活动上线第一周，新浪微博讨论量突破200万；活

图14 腾讯AIO头条

动上线第二周，新浪微博综合热搜榜排名第三；2014年3月11日，“海尔兄弟新形象”话题登上了新浪微博热门话题榜；3月13日，该话题在微博上已有超过500万条搜索结果。（图14）

除了参赛平台之外的话，包括论坛、微博等网站也做一些宣传，很多的网友、媒体和很多的声音也会从平台上自发产生出来，引发中国动漫圈和营销圈对征集活动的新闻热点讨论。以事件话题形式，在互联网主流媒体上进行新闻报道，覆盖PC端和手机端；病毒式圈层微信传播，找那年一起看过“海尔兄弟”的那个TA。

在创意征集和交互的过程中，参与活动的设计师和海尔兄弟的粉丝通过名为“Hi兄弟”的平台聚集在一起（图15）。“Hi兄弟”是海尔集团的一个大型综合设计师社区，这里，不仅吸引了众多热爱创意的设计师，并且提供喜欢绘画、对设计感兴趣的普通用户与设计师们之间交流互动的机会。创意征集活动虽已结束，但在这个平台上仍然有很多粉丝以及用户聚集，并发起各式各样的小活动。在未来，海尔还将邀请各位设计师、漫画师和动漫爱好者们共同进行海尔兄弟相关创意衍生品的设计与制作。在稍远的未来，海尔计划陆续推出海尔兄弟动画剧的全民设计与展播、动漫出版物的全民设计与发行、手机游戏设计与发布、主题公园全民大畅想等活动。可以预见，在不远的将来，海尔将力图通过

图15 “Hi兄弟”平台

产业规划和设计师们共同努力，将“Hi 兄弟”打造成为发挥设计师们才华和热情，并获得实际收益的平台。并借此平台全面打造以海尔兄弟为核心的动漫产业。

海尔的此次形象征集活动总覆盖人次 12.59 亿，用户交互量 8781364 人次，累计点赞数 151971 次，交互作品 7000 幅，其中，80% 以上都是高品质作品。

海尔将此次“大画海尔兄弟”新形象创意征集活动定义为，既是与动漫圈的各位设计师、漫画师及动漫爱好者们沟通交流的平台，也是海尔兄弟永不落幕的动漫狂欢节的序曲。通过征集活动，既挖掘到了年轻网友的兴趣点，又有效制造了新的网络传播话题，更引发了众多人对海尔兄弟的怀旧，实现了主动参与，刺激讨论的一站式营销效果。

不得不说，这是海尔又一次成功的品牌营销事件！通过征集活动，海尔掀起新一轮的海尔兄弟“全民效应”，聚拢老粉丝，培养更年轻的新粉丝群体，获得庞大的网络讨论的同时，达到了品牌广泛传播的目的。

——案例启示——

海尔在这场“海尔兄弟新形象征集活动”中，充分利用社交媒体强大的传播和互动优势，通过“事件话题”“病毒传播”“吐槽大会”“娱乐大奖”等多种方式，不仅成功地引发社会热议，更在以 80 后、90 后青年为主体的互联网环境中成功地进行了一次品牌营销。

一次动画形象征集活动的总覆盖人次达到 12.59 亿，实现用户交互量 8781364 人次。能够取得这样的效果，并非是一次偶然的幸运。

回顾这场形象征集活动，海尔能够以小博大的根本原因在于，海尔兄弟形象品牌营销活动巧妙地策划和实施，海尔品牌资产的成功创建。正如凯文·凯勒教授所说的那样“创建品牌资产更是一项品牌营销活动”。海尔正是成功地通过品牌要素（海尔兄弟形象图标）的设计，加强了品牌视觉形象，提高消费者的品牌认知，从而形成了强有力、独特的海尔品牌联想。

1. 制造关键事件：网民热情被激发

海尔这场“海尔兄弟新形象征集活动”从策划到实施，看似随意却非常用心。这场营销行动地多个关键事件是这起营销事件成功背后的动因。其一，是“找对人”。海尔准确地洞察到此次征集活动的关键参与群体：那些能够贡献优质作品的设计师和动画设计工作室——他们既是传播源，也是有创意的“玩家”，还会成为KOL；还包括爱围观、爱分享甚至爱吐槽的网民们——他们能够帮助传播内容。其二，是“说对话，做对事”。不仅要让创意大师们放开手脚“画”起来，更要让创意玩家们放开手脚“玩”开来，释放“大牌遭恶搞”讯号的原创内容源，诱发更多互动，通过事件话题、上头条、引关注、做噱头，形成更广泛的影响力。海尔官方发起的吐槽大会，则将更广泛的创意热情和参与热情彻底激发出来。

2. 情感共鸣：品牌热度再聚焦

海尔兄弟的故事在90年代家喻户晓，两兄弟正直、勇敢、善良、智慧的形象深受大家的喜爱，也深深影响了一代中国儿童。因为海尔兄弟的风靡一时，海尔品牌也得到了广泛的认同，品牌热度空前增长。时至今日，尽管海尔兄弟的故事形象已沉寂多年，然而，海尔兄弟的形象已根植在相当一部分国人的记忆中。也正是因为这样一种美好记忆的存在，“大画海尔兄弟”活动将公众对海尔兄弟的情感共鸣迅速而热烈地激发出来。这场海尔兄弟新形象征集活动，不仅成功唤起海尔兄弟品牌在中国受众心目中的固有认知，更是挖掘到了年轻网友的兴趣点，发掘了海尔兄弟品牌在年轻族群中的影响力。“海尔兄弟”迅速成热门的微博关键词，海尔品牌也因此变得火热起来，实现了由“对海尔兄弟的情感共鸣”到“对海尔品牌热度的再次聚焦”。

3. 借力新媒体：燎原的星星之火

“大画海尔兄弟”活动上线第一周，新浪微博讨论量就突破200万；活动上线第二周，新浪微博综合热搜榜排名第三；“海尔兄弟新形象”话题不仅登上了新浪微博热门话题榜，更在微博上有超过500万条搜索结果，引发了中国动漫圈和营销圈对此次征集活动的新闻热点大讨论。

对海尔来说，这次的创意征集活动是以最少的硬广告投放，博得了最广泛的曝光和关注。其中的关键因素在于：海尔充分借力于互联网新媒体，联合中国最具人气的设计网站，借助优质专业设计平台的官方传播，利用创意达人和KOL话题影响力，不仅实现了自媒体能量的最大化，更是通过高品质作品征集引发正面的业界反响。再通过“吐槽大会”“娱乐大奖”“神评论”等一系列动作的锦上添花，让一场“小”活动引发了一次“大”讨论，这燎原的星星之火，让海尔成功借力新媒体实现以小博大。

汇聚民间智慧打造的海尔兄弟新形象正如海尔产品一样：既有大牌风范，又能够接地气。而海尔兄弟的强势回归也势必会助力海尔从品牌营销走向文化产业生态圈。

海尔的这一案例也告诉我们：“小”事件也可以做成“大”营销！

（编写：吕美）

NU SKIN 如新
品牌匠心，走“有人味”的企业之路

作为一家年轻的跨国企业，成立于1984年的NU SKIN如新，30年来因与善念同行，走出一条不同寻常的品牌成长之路。在许多人看来，NU SKIN如新似乎有些“不务正业”，这家在美国上市的跨国企业看上去更像是一个慈善组织。比如，2014年4月29日在NU SKIN如新30周年庆典暨NU SKIN如新大中华创新总部园区开幕庆典的同时，也不忘举办NU SKIN如新中华儿童心脏病基金（CHF）年度理事全会（图1）。庆典期间，在NU SKIN如新投资超5亿人民币新建总部园区的外墙上，满是世界各地的儿童笑脸，他们都是NU SKIN如新“善的力量基金会”的受益者，而这也恰如其分地彰显了NU SKIN如新“用心创造微笑”的核心品牌内涵！也正因为在关爱儿童和困难群体领域中的贡献卓越，NU SKIN如新进入中国以来，已经三度获得中国公益慈善事业的政府最高奖项“中华慈善奖”！

那么，这家看似“另类”的企业，在短短30年间，究竟是如何一路走来，并拥有傲人业绩和深入人心、独一无二的品牌形象？这要从NU SKIN如新创立之初的“起心动念”讲起。

图1　NU SKIN 如新集团大中华创新总部园区开幕庆典盛况

第一节　一把汤匙，开启 NU SKIN 如新梦想舞台

NU SKIN 如新的成长始于“一把汤匙”。1984 年，刚从大学毕业的罗百礼（Blake M. Roney）（图 2），秉着“提供百分之百有益成分的保养品”的产品理念，与几位伙伴白手起家，开创了 NU SKIN 如新。创业之初，一切都很简陋，所有资金几乎都投在追求百分百有益成分的产品生产上，罗百礼他们只能把厂商给的大罐装样品放在桌上展示，想不到获得极大反响。优异的产品会说话！人们体验到了 NU SKIN 如新保养品的优

图 2　罗百礼（Blake M. Roney）

异，加上当时首创的按照肌肤类型设计保养品配方的概念，很快在口碑传递下带来了销售热潮。当时，NU SKIN 如新产品的受欢迎程度远超预期，顾客们蜂拥而至，应接不暇的罗百礼等人来不及制作产品外包装，只好建议顾客自备容器过来，用一把汤匙为他们填装产品，再让他们带回去。正是这把汤匙，成为了 NU SKIN 如新版图的开端（图 3）。

图 3　NU SKIN 如新集团创始人及其开启事业的“汤匙”

然而创业的路并非一帆风顺。起初，NU SKIN 如新困难重重，先是经营理念受到质疑，后是生产没有着落。但是，面对困境，罗百礼他们没有放弃。在几番不懈努力下，终于有家小工厂表示愿意与这几位年轻人合作，但前提是必须货到付款。也就是说，罗百礼他们只有先将产品推销出去，才能支付货款。罗百礼清楚，要能即刻说服他人相信自己所研发的保养品质量远超市面上其他品牌很困难，因此，他定下了“荟萃优质，纯然无瑕”（All of the Good，None of the Bad）的产品制造理念，结果让 NU SKIN 如新产品广受欢迎。

罗百礼意识到，只要能坚持下去，NU SKIN 如新终将能透过各种机会与方式，赋予人们提高生活品质的力量。经过各项评估与考虑，NU SKIN 如新的几位创始人决定以直销作为经营模式，提供好的回馈给事业经营伙伴。这使得原来就不看好他们的人，更加怀疑这间小公司的未来。虽然一切都未知，但因为心意坚定，罗百礼他们清楚自己所做的事情确实与众不同，这为 NU SKIN 如新带来无尽的勇气。依靠不断创新的研发理念和正面积极的态度，发展至今，NU SKIN 如新在全球已拥有超过 100 万名的事业经营伙伴以及遍及世界 53 个国家和地区的国际舞台。

对于 NU SKIN 如新而言，创业之初这把小小的汤匙意义匪浅，它代表着：改善生活质量和生命格局的强大影响力，往往始于小而简单的第一步。这把汤匙，不仅开启了如新梦想起航的舞台，也调制出了如新"善"的基因。罗百礼在创建公司时就写下了公司的使命：要在世界各地凝聚一股善的力量，凭借酬报优厚的事业机会、不断创新的优质产品和充实积极的优良文化，赋予人们提高生活品质的力量。此后 30 年来，NU SKIN 如新始终秉持最初的这份使命，通过基于创新科技的优异产品和行善若水的公益行动，成就了 NU SKIN 如新深入人心、独一无二的品牌形象。

第二节　产品制胜：ageLOC 科技，成就抗衰老专家

不同于其他一些直销品牌，NU SKIN 如新在发展历程中，打破了一般意义上的直销行业模式，而对企业进行重新定位，专注于成为抗衰老领域的 No.1。对一家企业来说，如果立志做第一，首先需要在某个领域拿出最好的解决方案，而直销企业相对会更强调产品的亮点。那么，究竟是什么成就了 NU SKIN 如新成为全球领先的抗衰老企业？其中的奥秘又是什么？

早在成立之初，NU SKIN 如新是专注于护肤品领域，1998 年，NU SKIN 如新通过并购华茂 PHARMANEX，成功切入营养补充品领域。华茂的融入，不仅增强了 NU SKIN 如新在抗衰老领域的实力，而且对 NU SKIN 如新护肤品的科技含量而言，也是一个强有力的补充。而如何在护肤品与营养补充品之间寻找交集，成为 NU SKIN 如新研究及探索的方向。

最终，NU SKIN 如新成功找到了这个共通之处，就是 ageLOC 技术，希冀把外用的产品和内服的产品结合在一个品牌上，专注于抗衰老领域。

什么是 ageLOC？英文“age”的意思是“年龄”，“loc”的意思是锁住，ageLOC 顾名思义，就是“锁住年龄”。ageLOC 技术不同于一般的抗衰老方法，而是直击老化源头——基因。

如果把人体基因比作是一场音乐会上的各种乐器演奏者，ageLOC 技术就像这场音乐会的指挥，它不是要换掉某位演奏家，而是通过指挥，引导其演奏出和谐的乐曲并融入乐队。由此可见，ageLOC 技术并非对基因组进行基因工程的“大换血”，也并非在微观层面上进行重排，而是让基因更健康，发挥它本来的作用。“活得久，更要活得好。”NU SKIN 如新开创该科技的目标不是治愈疾病，而是在不可逆的衰老历程中，尽可能保持人体的最佳状态。

NU SKIN 如新成功推出 ageLOC 技术，离不开一个强大的合作方做支持——美国生命基因科技中心 LifeGen，这是一家在基因研究领域具有市场领先地位的基因科技公司，终极目标是在有限的寿命中保持健康和年轻。经过多年的发展，它拥有诸如能利用“基因表达图谱”在分子水平衡量个别器官衰老程度方法的专利，同时亦拥有庞大的基因表达数据库。利用 LifeGen 对于老化过程的知识和研究专利，NU SKIN 如新以前所未有的速度强化了研发力量，来驱动 ageLOC 技术的应用。

2009 年，NU SKIN 如新推出融合了基因科技和抗氧化元素的 ageLOC 系列产品。而被视作 “抗衰老的解决方案”的 ageLOC 技术，凭借其清晰而科技感十足的产品概念，极大地提升了 NU SKIN 如新护肤品及营养品的附加值，更获得了空前的市场反响——新品推出后，仅 9 个月，便创造了 1.5 亿美元的销售额；在 2009 年 10 月 NU SKIN 如新的美国年会上，ageLOC 焕新套装两天创造了 1600 万美元的销售成绩；在韩国市场推出的几天内卖出了 2600 万美元；在大中华区年会上，3 天营业额达到了 3000 万美元——

这些销售成绩，一举刷新了 NU SKIN 如新前 25 年的发展纪录。据统计，这项突破性的技术为 NU SKIN 如新带来了 18 项专利和累计超过 10 亿美元的销售额，并且成为 NU SKIN 如新区别于市场上同类公司的最显著标志。

NU SKIN 如新之所以锁定抗衰老领域，果断推出 ageLOC 科技产品，主要源自对人口老龄化趋势和消费者希望年轻漂亮愿望的预判。此外，一些第三方数据也纷纷指出，消费者未来会对抗衰老的产品和技术更为关注。正是基于对未来趋势以及市场需求的敏锐洞察，NU SKIN 如新依托其领先的抗衰老科技，开发出一流的抗衰老产品，成为 NU SKIN 如新成功制胜市场的强大内核。如今，NU SKIN 如新旗下销售包括 ageLOC 抗衰老科技推出的系列产品在内的逾 200 款抗衰老、个人保养品及营养补充品。

当然，NU SKIN 如新并没有停滞于此，而在抗衰老领域一直探索前行。2011 年，在与美国生命基因科技中心 LifeGen 合作三年之后，NU SKIN 如新战略性地将其收购入怀，旨在深耕抗衰老领域，并生产出更优质的产品。NU SKIN 如新扎根中国以来，也一直在贴近中国消费者，贴近中国古老的智慧和天然草本成分，做进一步的研究，研发符合中国消费者需求的产品，为中国市场服务。

第三节　不忘初心，方得始终：善的力量，用心创造微笑

与 NU SKIN 如新在产品质量方面的理念——“All of the Good，None of the Bad”一脉相承的是 NU SKIN 如新以“善的力量”为魂的企业文化。NU SKIN 如新企业使命开宗明义的第一句话就是：要在世界各地凝聚一股善的力量。三十多年来，NU SKIN 如新在发展的同时一直肩负着创始人的这一使命，始终不忘履行企业的社会责任，积极投身于公益慈善事业，而

且不断推出慈善创新理念。多年来，通过如新善的力量基金会（图 4）、NU SKIN 如新中华儿童心脏病基金、受饥儿滋养计划、如新 5·12 小额信贷基金、如新希望小学、如新孤儿保险等项目及无数次慈善事件，一直执着于凝聚善的力量的 NU SKIN 如新，早已树立起深入人心的慈善与关爱形象，得到了社会的广泛好评！

早在 1996 年 NU SKIN 如新登陆纽交所之际，公司创始人罗百礼就明确表示，有必要成立慈善基金会以实现企业的社会责任与回馈，“如新善的力量基金会”（NU SKIN FORCE FOR GOOD FOUNDATION）也由此诞生。该基金会的目标是能够改善并解决儿童陷于疾病、文盲与贫困下的不幸生活状况，为儿童的未来带来希望，协助人们提高生活质量、延续保存原住民文化，以及保护脆弱的地球生态环境，最终为下一代创造更美好的世界。

图 4　NU SKIN 如新善的力量基金会 LOGO

三十多年来，NU SKIN 如新对集团创立之初的起心动念始终不变，即以凝聚更多“善的力量”为使命，以守护并实现万千人的梦想为经营动力，不断地推陈出新，创新性地践行“授人以鱼，不如授人以渔”的慈善理念，持续行善。

一、NU SKIN 如新“受饥儿滋养计划”

2002 年，NU SKIN 如新发起“受饥儿滋养计划”，其使命是为全世界的受饥儿提供最迫切需要的营养。公司与加州大学戴维斯分校营养专家合作研发出“蜜儿餐”，这一膳食补充的原料一般用玉米，在中国用大米，里面添加了二十几种维生素和矿物质，有助于孩子的脑部发育。不同于一般的慈善模式，“蜜儿餐”实际上是一项“授人以渔”的创新型公益项目。因为NU SKIN如新不只是提供吃的给受饥儿，而通常是捐到学校，以此吸引孩子到学校接受教育，让他们在学校既可以解决温饱问题，又能学到知识和能力，以便长大后有就业的机会，让社会有更好的发展。此外，在执行这一项目时，NU SKIN如新并不是仅仅捐一笔钱，而是从研发到建厂、从运输到分发，NU SKIN如新都要全程参与，这种劳心劳力的慈善也让后来者难以效仿（图5、图6）。

图5 NU SKIN如新向中国受饥儿童捐赠“蜜儿餐”

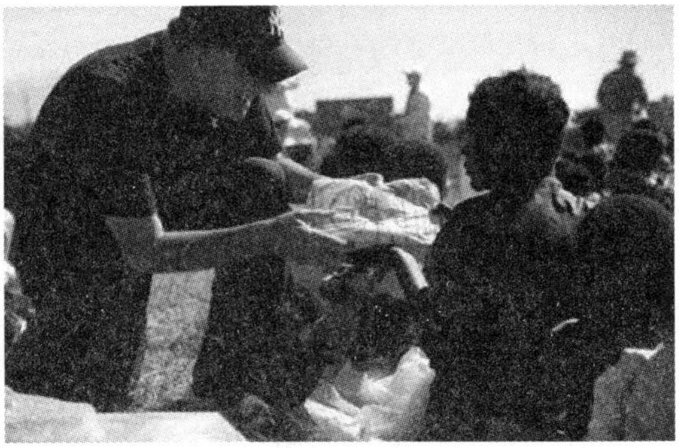

图6 NU SKIN如新创始人在非洲马拉维捐赠“蜜儿餐”

据最新统计数据，“蜜儿餐”在全球的捐赠数目已经超过 4.4 亿份，在大中华区共捐出超过 9100 万份。此外，伴随此计划，自 2003 年进入中国，到 2015 年 7 月，NU SKIN 如新先后在中国建立了 21 所如新希望小学，帮助了逾 19000 名贫困儿童圆学习之梦。

二、NU SKIN 如新中华儿童心脏病基金

作为“善的力量”的又一重要组成部分，NU SKIN 如新中华儿童心脏病基金在中国生根发芽，不断深化且创新发展。据了解，先天性冠心病是儿童时期最常见的心脏病，占中国出生重大缺陷发病率和死亡率的首位。为了帮助贫困先天性心脏病患儿得到及时救治，2008 年 11 月，NU SKIN 如新携手上海市慈善基金会共同设立“NU SKIN 如新中华儿童心脏病基金”，该基金所有募集到的款项专门用于贫困先天性心脏病患儿的医疗补助及早期预防筛查。NU SKIN 如新设立该基金的初衷就是，希望通过帮助救治先天性冠心病患儿，赋予儿童如新的生命，将社会长期负担转化为未来的社会贡献力量，为各地的不幸生命注入希望，点燃先心病患儿生命的光芒。截至 2015 年 7 月底，该项目已成功救治超过 4005 名贫困先天性冠心病患儿，自 2013 年起，平均每天让 3 名患儿获得如新的生命。

在“NU SKIN 如新中华儿童心脏病基金”救助过的众多天使中，溪溪（化名）是相当特殊的孩子。她出生时，发育不全的左臂，硬生生长在胸腔里，心脏组织受到严重压迫，有呼吸困难与紫绀的现象，随时可能危及生命。这样的病例在世界范围内都属罕见，手术治疗是挽救溪溪生命的唯一途径。溪溪的家人在家务农，家境贫困，为了让溪溪活下去，妈妈拿出了家中所有积蓄。然而，单单每天呼吸器的费用，就足以压垮这个脆弱的家庭，加上巨额的手术费，一家人根本无力承担。就在溪溪一家一筹莫展之际，NU

SKIN 如新及时伸出援手，并给予溪溪如家人般的照料和关爱。如今，溪溪有了健康的心脏与身体，这位折翼的天使，因为 NU SKIN 如新重获如新生命。

10 岁的小照照（化名），也是在最关键的时刻获得了 NU SKIN 如新的帮助而渡过难关，创造了生命的奇迹。2013 年 7 月，小照照突然感冒，由于县城医院条件有限辗转几次才被确认为先天性冠心病，耽误了治疗的时间。小照照的父母变卖所有家当，又承担巨额高利贷，终于凑够了昂贵的手术费。谁也没有想到，小照照第一次手术后没多久突发感染。9 月，他在当地医生的建议下被送到复旦大学附属儿科医院。前后两次手术费共需 30 多万元，术后每天还需医疗费。前债未还，新的手术费又迫在眉睫，让小照照的父母深陷绝望和痛苦。万幸的是，NU SKIN 如新给予其大额资助，让小照照及时接受手术（图 7）。现在，小照照已逐渐康复，他的父母对 NU SKIN 如新感激不已，他们说，来自 NU SKIN 如新的援助，不仅给了孩子重生的希望，更给了家人面对困难的勇气。

图 7　NU SKIN 如新集团高层伦兆勋探访先心病受助儿小照照（化名）

这样的感人事例在 NU SKIN 如新数不胜数。随着救助项目开展的不断深入，2011 年 NU SKIN 如新启动了新生儿先天性心脏病筛查计划——从“等”先天性冠心病患儿上门到“找”先天性冠心病患儿，从前期筛查、慈善救治，到治疗后的援助及志愿者服务等，形成了国内先天性心脏病方面最为完整的专项基金救助链条。2014年9月，秉持“为更多儿童创造微笑”这一使命，NU SKIN 如新再次携手复旦大学附属儿科医院及上海慈善基金会，设立“如新中华儿童心脏病基金专科培训项目”并建立“如新中华儿童心脏病全国新生儿先心病协作网”，以培养更专业的儿童心脏病学科人才，提高先心病防治水平，造福更多的先心病患儿及家庭。

三、NU SKIN 如新 5・12 小额信贷基金

如新“授人以渔”的慈善理念再一次得到彰显的还有，“NU SKIN 如新 5・12 小额信贷基金”项目。就在 NU SKIN 如新中华儿童心脏病基金成立的同一年，2008年5月12日，中国汶川发生了大地震。震后第一时间，NU SKIN 如新筹集 3500 多万元物资和资金捐给灾区。然而，NU SKIN 如新看到紧急捐助只能解决燃眉之急，而灾后重建却是一个长期的过程，应该把钱投入到更有意义、更有长远价值的项目上。经过与中国扶贫基金会共同研究，NU SKIN 如新再一次开创公益新思路，引入尤努斯开创的“穷人银行”模式，于一年后的 2009 年，先期投入 400 万元成立“5・12 小额信贷基金”项目，帮助四川当地失去家园、失去工作、失去生活能力的人重建家园。

这不是一个普通的慈善项目，而是一个授人以渔而非授人以鱼的公益项目，它赋予灾民力量，以改变自身命运，提升生活品质。受基金资助的人在其他地方很难借到钱，而“5・12 小额信贷基金”不要担保就可以借钱给他们，让他们重新开始家庭工业和个体经营。而基金通过贷款资金的不断回流形成良性循环，为可持续运行提供了保障，也能够辐射到更多的受灾家庭。

回顾这一幕幕的慈善事件和这种种的慈善关爱行动，无不闪耀着 NU

SKIN 如新科技与关爱合二为一的品牌形象之光辉。通过凝聚“善的力量”，NU SKIN 如新铸就了用“心”创造微笑的品牌文化，而这也成为了 NU SKIN 如新品牌持续导入、获得市场和消费者认同的一把“隐形钥匙”！

正因为在关爱儿童和困难群体领域中的贡献卓越，NU SKIN 如新三度获得了中国公益慈善事业的政府最高奖项“中华慈善奖”。随着公司在华经营年岁的不断累积，NU SKIN 如新善行善举的范围也在不断扩大，逐步深入各个慈善的维度。在 NU SKIN 如新看来，公司就像一棵大树，要帮助他人提高生活品质，不能仅仅依靠大树的果实，而是要通过大树的庇荫培育更多的小树苗壮成长，反哺社会，形成可持续发展的模式。套用 NU SKIN 如新大中华区域总裁范家辉的一句话讲：“善不光是做好事，还包括怎么可以做得好，如何可以帮助到更多人，创造更多微笑。”

不忘初心，方得始终！对于如何更好地践行“善的力量”，NU SKIN 如新始终保持着积极的探索与创新。在提出“善的力量”理念后，NU SKIN 如新又提炼了以系统的“独特三力”慈善模式指导公司行善。具体来说，这“三力”指“赋予自立能力”“永续行善力”和“1% 成就 100% 的凝聚力”。

所谓“赋予自立能力”，是 NU SKIN 如新“授人以鱼，不如授人以渔”的独特公益理念的延展，即从根源上做慈善。从“受饥儿滋养计划”到“NU SKIN 如新中华儿童心脏病基金”，再到汶川地震后的“5·12 小额信贷基金”等公益项目，NU SKIN 如新用实际行动证明：“只有帮助人们自力更生，实现自身发展，才能真正解决社会问题。”

NU SKIN 如新的“永续行善力”强调长期行善。常言道，“做好事不难，难的是天天做好事”，说的就是坚持行善的难度。对此，NU SKIN 如新在做慈善项目时，都会持续不断地给予援助，因为他们相信，唯有持续才能收获改变。乐善汇，作为 NU SKIN 如新打造的志愿者平台，旨在借此让更多的事业伙伴及员工加入到持续行善的行动中来。

“1% 成就 100% 的凝聚力”则是 NU SKIN 如新鼓励人人参与行善，“每人每天付出 1%，汇聚起来，将是 100%‘善的力量’”。NU SKIN 如新认为如果全球 100 万事业经营伙伴和员工每人每天贡献 15 分钟，那每天就能服务 25 万小时，汇集起巨大的“善的力量”。

作为一个成长型跨国企业，NU SKIN 如新自进入中国市场以来，即以创新的姿态实践着自己的公益理念，并在这个过程中不断丰富与完善。基于其优质的产品和优良的企业文化，相信用心的如新将创造出更多微笑！

第四节　深耕中国市场，创新营销模式

不同于其他化妆品企业惯用的精美外包装以及令人应接不暇的各种广告、代言人，NU SKIN 如新的营销手段可谓更加纯粹。在 NU SKIN 如新看来，优质的产品和创新的科技，应该成为品牌始终坚持的本源。而 NU SKIN 如新产品的使用者则是 NU SKIN 如新最好的代言人和见证者。

在 NU SKIN 如新成立 30 周年之际，作为 NU SKIN 如新集团发展史上最大的海外投资专案，NU SKIN 如新大中华创新总部园区的落成及投入运营，展现了 NU SKIN 如新深耕中国市场的信心和决心。然而，对于每一个想要在中国发展的直销企业而言，法规政策是绕不开的话题。NU SKIN 如新扎根中国 12 年来，一直积极提倡健康直销的概念，争取政府各方面政策支持的同时，也在加深消费者对于健康直销的认知程度。2005 年经中国政府直销立法后，中国的直销市场已然步入一个良性发展的上升轨道。NU SKIN 如新成为中国政府颁发的首批直销牌照的获得者之一。

与此同时，不同于 NU SKIN 如新在全球其他 52 个市场的经营模式，经过前期考察，NU SKIN 如新根据中国内地的法规环境和消费者的购物习惯，特别创建了“体验式营销”的方式，在不同的城市分别打造了生活体验馆、形象店和时尚店。通过产品展示、现场体验，NU SKIN 如新在给消费者最

直观的品质感受的同时，促进消费者对 NU SKIN 如新的历史、企业文化、科研实力和优质产品进行全方位了解，进而对 NU SKIN 如新产品产生信赖，对 NU SKIN 如新品牌产生认同。

如今，NU SKIN 如新紧跟时代潮流，将“O2O 模式”融入到日常经营之中。我们看到的那些能看得见、摸得着的体验场所，是其“O2O 模式”的线下部分，而在线上，NU SKIN 如新则建立了非常流畅的网络订购系统。消费者在体验馆里亲身体验到 NU SKIN 如新的产品和服务后，既可以选择在现场购买，也可以在网上订购。通过线上电子商务技术的成熟运用，NU SKIN 如新在满足消费者需求的同时，又可以同步提升消费者产生购买行为时的用户体验。

此外，在当今移动互联网浪潮的推动下，以人际沟通和口碑效应作为基础的直销行业，也因为移动互联网的便捷性、及时性和分享性，在传统营销渠道中积极融入移动 E 沟通手段。对于 NU SKIN 如新这样一个非常注重客户体验的公司，除了坚持现有的销售员工与客户面对面销售的传统模式之外，也在以开放积极的心态，借力移动互联网，通过微信、微博等社交媒体以及其他新媒体平台，及时传递最准确的信息，促进销售人员和客户之间的有效沟通。

第五节　“双环紧扣”，打造创新学习型系统

对于一家直销型企业而言，NU SKIN 如新每一位销售人员的自律和规范是其发展的根本之本。然而，如果公司的成长速度赶不上新人培训的节奏，势必出现一些扰乱视听、混沌市场的不良行为。NU SKIN 如新在成长速度越来越快的情况之下，选择了步步为营的稳健发展策略，通过严格的监管、标准化的建立、规范深入的培训，一方面极大提升了销售团队的“作战能力”，

另一方面也将建构起健康良性的市场空间，推动如新在华实现长期、稳健、可持续发展。

在长期以来的发展中，NU SKIN 如新非常看重“内功”修炼，包括对内部行政员工的培养以及对销售人员的教育和培训。举例来说，目前 NU SKIN 如新大概平均两年向市场推出一款新产品，之所以要经历这么长的周期，是因为在产品上市之前，他们会进行大量的教育培训工作，与销售人员进行四到五轮的深入沟通；在每轮沟通之后，还会收集销售人员的反馈，将产品方案不断优化。同时，NU SKIN 如新还让销售人员先试用每一款新的产品，通过自身的体验增加对产品的感知和了解，对自家产品产生足够认同，以便更好地服务于终端消费者。正因为有了深入的前期准备过程，NU SKIN 如新的每一款新产品都带来了令人满意的市场反馈。

近年来，NU SKIN 如新在不断修炼内功的基础上，逐步构建了从行政员工到业务第一线的事业经营伙伴“双环紧扣”的培训体系，其中，一环代表行政员工，一环代表事业经营伙伴。在这个开放平台上，NU SKIN 如新通过建设互动共享的学习系统，营造出积极向上的学习氛围，创建学习型企业。

一、一环：引入互联网 +，突破传统培训模式

NU SKIN 如新不仅为管理人员和行政员工搭建了领导力发展平台、技能训练平台和 e-Learning 等传统平台，更一改传统人力资源管理理念，引入互联网 +，结合如新大中华创新总部园区（GCIP）无固定办公室的移动办公环境和 90 后员工的使用习惯等特点，开发了 We-Learning 平台，通过微信等社交媒体发送学习内容，并根据互动调研的反馈随时调整课程，形成“我们随时随地一起学习”的氛围。这种引入互联网 + 的交互式培训平台，将使员工能够更好利用碎片化时间充分学习交流，快速提升岗位胜任力；

培训管理者能够让整体培训管控环节更紧密，更及时监控员工学习情况，从而更科学地分析整体培训效果。

二、另一环：追求实效，培训定制化、灵活化创新

直销市场的成长和规范离不开直销从业人员的商德教育培训。NU SKIN 如新将商德培训定为公司的核心任务之一，通过商德认证培训课程，帮助事业经营伙伴正确理解和表述公司酬报优渥的事业机会、不断创新的优质产品，以及充实积极的优良文化；同时，为事业经营伙伴的合法合规、健康、长久、可持续发展提供有效助力。对于拼搏在一线的事业经营伙伴来说，他们需要NU SKIN 如新的相关培训和学习安排更加灵活且讲求实效。为此，NU SKIN 如新在商德认证班的基础上，通过商德特训营方式，推出了更贴合业务和市场需求的商德课程。而商德特训营推出的课程，将根据各地事业经营伙伴的需求进行个性化定制，培训的时间、地点均可由事业经营伙伴自主选择，培训形式和培训内容也不断创新与改进，使商德特训营成为事业经营伙伴们的“私人定制佳肴”。

此外，NU SKIN 如新还在奖励旅游的做法上灵活创新，将游学理念与团队激励相结合，把积极向上、学习创新的基因融入公司血液。比如，在 2015 年 6 月“韩国登峰游”中，NU SKIN 如新将一般意义上的海外奖励旅游打造成独特的“海上学府”，为公司营销精英安排了丰富的海上“精神大餐”。通过设置“四大讲堂”，包括梦想讲堂、登峰讲堂、V 人生讲堂和乐活讲堂，不仅为“海上学员”准备了 NU SKIN 如新产品及科技的培训（图 8），而且还悉心安排了具备特色的综合课程，包括“破冰”沟通技巧课程、营销技能课程、韩国茶道文化修养课程、韩国传统扇子舞蹈课、5 分钟演讲技巧课程等，帮助事业经营伙伴快速提升综合个人素质与沟通、管理能力。

图 8 NU SKIN 如新事业经营伙伴参加“海上学府”产品及科技培训

“没有最好只有更好”。对于 NU SKIN 如新而言，市场和团队的不断扩大，既是机遇也是挑战。对于 NU SKIN 如新人而言，唯有心承梦想，勤练“内功”，才能够应对不断变化的外部大环境，以此实现公司的长久稳健发展。

第六节 从心出发，一切“如新”：30 有诚，预见更好的自己

不觉中，发展迅速而又步步为营的 NU SKIN 如新已经走过 30 年时光。在这样一个重要的节点，NU SKIN 如新大中华创新总部园区正式投入使用，而这是如新集团在美国之外的首个区域总部。

图 9 NU SKIN 如新大中华创新总部园区中庭

该园区地块面积超过 38000 平方米（图 9），相当于 6 个足球场，园区设计以美国绿色建筑协会 LEED 金牌认证为标准，采用环保建筑材料，75% 以上空间使用自然采光，绿化面积超过 28%；园区设有咖啡厅、健身房、篮球场、BBQ、卡拉 OK、影视厅、台球室等各种休闲娱乐设施及场所，却唯独没有固定的办公室和办公卡座，所有工位自由使用，1.5 米见方的大布袋造型懒人沙发散落其中；而在园区中央，则是一个由自由流动水系围绕的花园。这种绝对开阔自由的空间，为 NU SKIN 如新的员工创造平等沟通的和谐氛围，为激荡大家的自主创新思维提供了保障（图 10）。

图 10　NU SKIN 如新大中华创新总部园区内部

正如 NU SKIN 如新大中华协同事务副总裁暨华南总裁郑重所说，NU SKIN 如新大中华创新总部园区，并不是向外界传递如新高大的形象，而是旨在 NU SKIN 如新创立 30 周年的今天，回馈每一个曾经在公司付出汗水的员工一个自由、开放、能够实现梦想的空间。

“今天你们看到 NU SKIN 如新的大中华创新总部园区是如此美丽，设计如此的棒，其实，它并不是像蘑菇那样一下子就建起的，而是通过每一个人的力量才有这样的建筑。然而，伟大的建筑并不能代表伟大的公司，伟大的公司则应由伟大的企业创造者来见证的！”这是 NU SKIN 如新董事会主席暨受饥儿滋养计划执行总监伦兆勋来访中国参加 NU SKIN 如新大中华创新总部园区的开业典礼并在现场分享的一句话，也重新定义了在外商企业中“企业创造者”的传统内涵——每一个为企业创值的员工（图 11）。

图 11　NU SKIN 如新集团董事会主席伦兆勋（Steve J. Lund）致辞

NU SKIN 如新大中华区域总裁范家辉指出，大中华创新总部园区是 NU SKIN 如新新的起点，只有一步步将 NU SKIN 如新做得更大更好，才有能力去帮助更多的人；只有更加努力，才能创造更辉煌的未来！

新的起点，新的征途。1984 年，NU SKIN 如新以一把汤匙开启梦想，如今在其 30 周年之际，NU SKIN 如新通过人才、产品、文化与事业四个核心竞争优势，已拓展到全球 53 个市场。从心出发，一切“如新”！ NU SKIN 如新大中华创新总部园区的开幕，不仅对过去的成长之路做了全面的总结，更对未来的工作提出了鼓励和期望：通过不断的努力与实践，迈向另一个 30 年，遇见更好的自己。

——案例启示——

“30 有诚，用心创造微笑”！ 30 年来，NU SKIN 如新用“心”走出了一条独具匠心的品牌之道，也带给我们一些有益的启示：

1. 领域聚焦，打造顶尖的产品和品牌

NU SKIN 如新长期坚持聚焦于抗衰老领域，这源自对人口老龄化趋势和消费者希望年轻漂亮愿望的预判。正是基于对未来趋势以及市场需求的敏锐洞察，NU SKIN 如新大力开展抗衰老技术的研发活动，并推出以 ageLOC 科技产品为代表的一流的抗衰老产品。以此为核心，NU SKIN 如新旗下聚集了逾 200 款抗衰老、个人保养品及营养补充品等系列产品，成为这一领域的领军企业，其品牌也成为抗衰老领域的第一品牌。

2. 慈善是人类共同崇尚的特征，具有不可抗拒的力量

NU SKIN 如新企业使命开宗明义的第一句话就是：要在世界各地凝聚一股善的力量。30 多年来，NU SKIN 如新在发展的同时，始终不忘履行企业的社会责任，积极投身于公益慈善事业，而且不断推出慈善创新理念。NU SKIN 如新中华儿童心脏病基金、受饥儿滋养计划、如新 5·12 小额信贷基金、如新希望小学、如新孤儿保险等项目及无数次慈善事件等，在社会上受到广泛好评，也让 NU SKIN 如新品牌树立起深入人心的慈善与关爱形象。

3. 创新型的“体验式营销”的模式

作为以直销为特征的保健品企业，如何让消费者能够更直观地了解企业的产品是一种挑战。NU SKIN 如新提出了创新型的经营模式：在不同的城市分别打造了生活体验馆、形象店和时尚店。通过产品展示、现场体验，NU SKIN 如新在给消费者最直观的品质感受的同时，促进消费者对 NU SKIN 如新的历史、企业文化、科研实力和优质产品进行全方位了解，进而对 NU SKIN 如新产品产生信赖，对 NU SKIN 如新品牌产生认同。这种经营方式强化了消费者对 NU SKIN 如新品牌值得信赖的定位。

4. 打造学习型系统

对于一家直销型企业而言，NU SKIN 如新每一位销售人员的自律和规范是其发展的根本。然而，如果新人培训的节奏与公司的成长速度不匹配，势必会在市场上出现不良行为。NU SKIN 如新在成长速度越来越快的情况下，构建了从行政员工到业务第一线的事业经营伙伴“双环紧扣”的培训体系，建设互动共享的学习系统，营造出积极向上的学习氛围，创建了学习型企业，保证了公司实现长期、稳健、可持续发展。这对品牌建设和强化起到了积极的推动作用。

今天，也许 NU SKIN 如新这个品牌在中国还未家喻户晓，但凭借其“荟萃优质，纯然无瑕”的产品理念以及优异的 ageLOC 抗衰老科技，再加上其深入人心、一心向善的公益文化，快速成长起来的 NU SKIN 如新正逐渐拥有相得益彰的产品口碑和公益口碑。这为 NU SKIN 如新这家比很多直销“老大哥”进入中国要晚的品牌，在中国市场上创造了绝佳的成长契机。

（编写：叶楠）

上海家化
启初品牌全新上市整合营销推广

2013年8月6日，作为百年民族品牌企业的上海家化联合股份有限公司（以下简称“上海家化”）在上海静安香格里拉大酒店全新推出针对0-3岁婴幼儿的个人护理品牌——启初（图1）。发布会当天，启初官方网站正式上线，同时率先启动天猫旗舰店销售。启初品牌的成功上市，在中国婴幼儿的个人护理市场吹进了一股清新的“启初蓝”，令业界惊叹不已。

随着中国第四波生育高峰的到来，中国婴童领域相关市场也进入了高速增长，国际品牌随着互联网渠道也纷纷进入中国市场。2013年8月上市以来还处于市场导入期的启初品牌，经过一年多在重点城市的培育，不但获得了不俗的市场表现，更赢得了中国新生代妈妈的一致好评，树立了国民对于婴幼儿国货的信心。

在2014年，上海商情信息中心首次揭晓的儿童护肤品2014年（中）畅销精品榜上，启初品牌更是摘得探花，跻身前三强。根据品牌市场广告跟踪研究显示，2014年推广城市启初品牌在目标受众中的品牌知名度已达30%以上，并初步建立专业婴儿护理品牌的形象认知。

而启初品牌在进入2015年后，上半年的品牌销售业绩同比增长

192%，已进入的大卖场渠道零售单产全面稳中提升，并已构建了成熟的终端零售单产模式。就其市场份额而言，根据尼尔森权威数据显示，截至2015年3月全国婴儿面霜品类中的启初品牌市场份额快速增长达到3.5%，市场排名提升4位。其中上海地区表现突出，启初品牌市场份额已达21.4%，市场排名跃升至第二。启初始终相信“适合的才是最好的”，始终坚持“取自然之初，育生命之初”的理念，不断为研发适合0到3岁中国宝宝更安全、更有效的产品而努力。2015年7月22日，启初品牌携最新力作“新生特安系列”，首次亮相备受瞩目的中国婴童行业盛典——第十五届CBME中国孕婴童展，并逐步进驻全国连锁母婴渠道，标志着启初品牌初步完成商超、母婴店、电商三大母婴主流渠道的布局。

图1 2013年8月6日启初品牌上市发布会现场

第一节 上海家化及其旗下品牌概况

上海家化联合股份有限公司是中国历史最悠久的日化企业之一，前身是成立于1898年的香港广生行。20世纪80年代，推出中国第一支护手霜——美加净护手霜；1990年，上海家化旗下的第一瓶六神花露水问世。自诞生以来，美加净和六神在护手霜以及花露水品类的市场份额一直保持第一。上海家化历经百年发展，于2001年在上海股票交易所上市，取得了多方认可的经营成果，营业收入从2004年的16.7亿元增长至2014年的53.35亿元。

上海家化着力打造的“5+1”品牌包括佰草集、六神、美加净、高夫、启初和家安。这五大核心品牌以及一个差异化品牌分别对应了公司将聚焦的三大细分市场，即化妆品、个人护理用品以及家居护理用品市场（表1）。面对中国市场上的激烈竞争，上海家化通过采取差异化的品牌经营战略取得了不俗的成果，在众多细分市场上建立了领导地位，其旗下佰草集品牌已经成功地打入了法国等欧洲发达国家的主流市场，开中国化妆品之先河。截至2014年，上述几大品牌在各自的细分市场均取得了不俗业绩。

表1 2014年上海家化五大品牌市场表现

品牌	细分市场	市场表现
佰草集	高端女士护肤	佰草集在全国百货渠道护肤品市场份额中位列第七，是唯一跻身百货渠道护肤销量前二十的国产品牌
六神	大众个人护理	六神花露水在全国花露水品类中市场份额为70.8%，继续扩大其在分类市场的统治地位
美加净	大众女士护肤	美加净手霜继续雄踞手霜品类全国第一
高夫	男性护肤	高夫面霜位列男士面霜市场占有率第四，也是唯一跻身该榜单前五的国产品牌
启初	婴幼儿护理	启初胚米润肤系列在上海地区婴儿面霜品类中取得了16.39%的金额份额

注：以上数据来源为上海家化官方网站；除六神数据是截止至2014年9月底，其他品牌数据均截止至2014年12月底。

第二节 启初品牌理念：取自然之初，育生命之初

上海家化自20世纪90年代开始投入婴幼儿肌肤护理的研究，并于2013年创建启初品牌，成立了启初婴幼儿个人护理研究中心，专注于“中国0—3岁婴幼儿身体发肤特性”及“自然界初生阶段成分”的研究，通过

启初研究中心为平台，为启初品牌提供专业的产品开发理论体系及产品研发，并联合国内外权威机构与专家开展科研课题研究。

启初品牌，倡导“取自然之初，育生命之初”的品牌理念，是一个专属于0—3岁中国婴幼儿的个人护理品牌。这一理念一方面来源于东方传统的育儿观，另一方面来源于现代科学对婴幼儿肌肤特性的研究结果。

在中国传统文化中，《本草正》中有“春生芽，布地如针，故曰茅针，可以生啖，甚益小儿，功用亦同”的记述，《千金翼方》中也提到“凡小儿始生，肌肤未成”，《小儿病源方论养子十法》中也将婴幼儿比喻成“草木茸芽之状，未经寒暑，娇嫩软弱”。这说明中国传统育儿观中，认为初生的植物幼芽与婴幼儿的肌肤有相通的特性。而现代科学研究则进一步佐证了初生植物所具有的某些特殊成分和特性对于婴幼儿肌肤护理的有效性。例如0—3岁婴幼儿肌肤属于敏感肌肤，皮肤含水量高但屏障功能差，所以容易流失水分，对于外界刺激敏感，而初生胚米中所蕴含的更多维生素B和小分子营养物质能够帮助婴幼儿肌肤屏障功能的完善，并深层滋润肌肤。

启初品牌正是在这样的认知下，提出自身的品牌定位和理念，品牌认为“在生命的每一个阶段，自然都安排了与之匹配的成长能量”。因此，启初婴幼儿个人护理研究中心一直致力于从初生自然成分，如初生嫩莲叶、初生胚米、初生胎菊和初生绿茶芽等中提取有效成分，将之与现代技术结合，研发出对0—3岁婴幼儿更专属、更安全、更有效的肌肤护理产品。

2013年8月6日，历时三年的策划和准备，启初品牌终于在公众面前亮相，同时发布了品牌旗下的第一套产品——“植物之初系列”。该系列由初生嫩莲叶柔净系列、初生胚米润肤系列、初生胎菊新生特护系列和初生绿茶芽衣物呵护系列四大子系列组成。之后，又针对于母婴店渠道推出了第二套产品——“新生特安系列”，包括有机白茶芽柔净系列、有机小麦胚芽柔润系列、有机金银花蕾柔护系列和有机蒲公英衣物洁净系列四大子系列。

第三节　启初品牌启动面临困境

中国婴幼儿个人护理品市场增长快速，公开数据显示，2015 年我国婴幼儿市场达到 2 万亿元的规模。预计到 2017 年，0—12 岁婴幼儿市场规模将超过 2.6 万亿元，成为仅次于美国的第二大婴幼儿产品消费大国（图 2）。尽管中国婴幼儿市场规模庞大，前景广阔，但是，在 2013 年上海家化宣布推出启初品牌时，有舆论认为，启初是否能够以清晰的定位和有效的推广立足于竞争激烈的市场，尚存在疑问。启初品牌管理团队也清醒地认识到，启初的品牌战略面临三大困境。

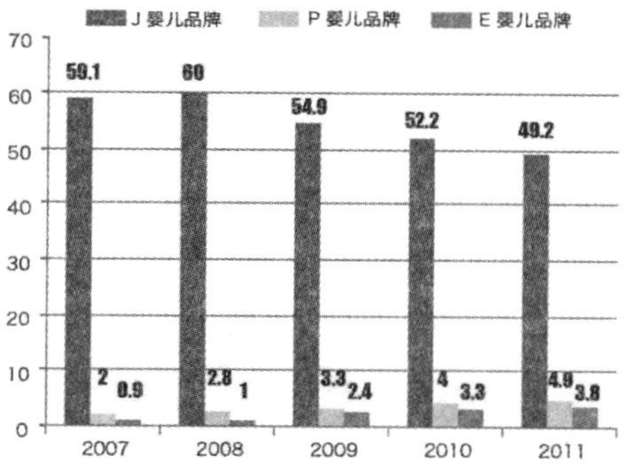

图 2　中国婴幼儿品牌市场份额（%）

注：J、P、E 均为中国主流婴幼儿品牌；
数据来源：Euromontitor2011，包含婴幼儿 / 儿童洗发、护发、沐浴、湿巾

一、困境一：如何在现有激烈竞争格局中突围

在国内婴幼儿护理市场上，启初面对的第一大竞争对手就是强生。尽

管1992年最早进入中国市场的美国强生市场份额逐步下降，但仍占据绝对的垄断地位，常年上亿元的广告投入也令其他品牌望尘莫及。另一强有力的竞争对手是来自于日本的品牌贝亲，其产品在中国的市场占有率呈逐年上升趋势。而在中国本土品牌中，“嗳呵”曾一度对市场造成强力冲击，但是却在2013年被强生收购。总体而言，强生、贝亲、嗳呵，甚至海淘品牌日益随着渠道变化进入中国，形成多样化品牌竞争的格局。

二、困境二：如何缩短妈妈们对于新品牌观望期

作为妈妈，最关心产品的安全性，其次才是功效、品牌和价格。她们愿意给孩子最好的呵护，因此，对于新品牌、新产品保持谨慎接触、多方求证的态度。

年轻的妈妈们经常通过各种渠道交换自己对于婴幼儿护理产品的态度和信息。例如，2009年“强生婴幼儿用品在美国被检出有毒物质”事件在中国市场上引发巨大反响。尽管强生（中国）有限公司表示，经过中国有关部门的检验，证实强生婴幼儿护理产品是安全的，但是，许多新妈妈仍然对其产品在很长一段时间内持观望态度。

“现在只有一个孩子，给孩子的任何一件东西，都要自己试用。身边闺蜜朋友推荐的牌子和产品，才敢买。”妈妈们如是说。

那么，对于启初这样一个新生的品牌，妈妈们又会如何评判和选择呢？一个新的品牌要在目标消费群中建立信任谈何容易，特别是启初又是一个婴幼儿护理品牌。在大多数家庭只有一个孩子的中国，品牌信任似乎难以企及。

三、困境三：如何传播并快速建立区隔度

启初品牌提出全新的“取自然之初，育生命之初”的品牌理念，富有

深厚的中国文化哲学思想，具有严谨的产品理论体系，具有鲜明的特点与创新意识。如何将这一理念通过产品及品牌层面丰富多样的沟通信息进行传递，多角度、多媒体地传播给消费者，进而快速提高知名度，是摆在启初品牌管理团队面前的难题。将理念转换成消费者能轻松理解的语言及形式传递出去，非一蹴而就。

第四节 启初品牌形象差异认同

要想成功在市场上突围，启初品牌必须直面竞争，尽快在目标消费群体中，以独特的品牌差异点建立自己的市场优势。

一、从中国传统文化中缔造的“以初养初”品牌核心价值

上海家化在品牌塑造上一直非常突出对中国传统文化元素的演绎。例如，上海家化的“佰草集”品牌，正是沿承了中国文化中追求“自然”“平衡”的境界，以中医中草药养美为特色，从而赢得了消费者的青睐。正是“佰草集”品牌的中医中草药差异化护理理念，使其成为上海家化的明星品牌，并且在中国本土化妆品品牌中第一个走出国门，以独特的中国文化底蕴和全新品牌形象在国际市场上引领中医养美潮流。

源于上海家化一以贯之的企业文化，启初品牌诞生之始，便首先向消费者传递了历史悠久的传统育儿观。例如，启初在品牌启动中多次运用孟子的“幼吾幼以及人之幼”这一广为中国人认同的观点，将“幼吾幼以及人之幼”作为启初品牌的社会目标，向消费者郑重声明，启初品牌正是秉承这种“自古以来对幼儿的关爱从未间断”的中国传统文化，百分百用心，只为给予中国宝宝最适合的呵护，陪伴中国宝宝茁壮成长。

那么，什么是最适合中国0—3岁婴幼儿的肌肤护理产品呢?

启初品牌仍然从“天人合一”“顺时而养”这样的传统养生文化入手，深入研究自然植物的初生阶段与中国0—3岁婴幼儿肌肤的生长特性，发现万物在初始阶段蕴藏着温柔而强大的力量，是更适合中国初生宝宝娇嫩肌肤更安全、更有效的养育力和呵护力，最终提出“在生命的每一个阶段，自然都安排了与之匹配的成长能量”的“以初养初”之品牌核心理念。

“传统文化”“国货”“植物初生阶段成分”“以初养初”“更适合中国宝宝”等品牌差异性字眼，个个击中年轻妈妈们的“痛点”，加之消费者对于“美加净”品牌儿时的回忆，使得启初“取自然之初，育生命之初”的品牌理念迅速获得了目标消费者的认同。“用初生植物来呵护宝宝，感觉好放心和安心，而且还是上海家化出品，当然值得信赖！”——一位消费者评价。

二、通过启初婴幼儿个人护理研究中心建立消费者品牌信任

诞生启初品牌之外，上海家化还特别联合国内外权威科研机构，跨儿科、皮肤科、生物学、植物学、养生学等多领域，整合全球资源，建立了启初婴幼儿个人护理研究中心，其中特别联合首都儿科研究所皮肤科，共同研究0—3岁婴幼儿肌肤特性及肌肤医学护理方案，创立真正适合东方婴幼儿的肌肤呵护之道。

同时还将目标消费者亲自请进启初婴幼儿个人护理研究中心，近距离体验和见证启初产品从研发到制造的严苛过程，感受启初品牌的专业与安全（图3）。同时还承担起婴幼儿肌肤科普的社会责任，请专家与新手父母们面对面交流育儿知识，让消费者进一步了解0—3岁中国婴幼儿独特的皮肤生理特征，倡导理性对待护肤产品的选择，适合的才是最好的。由此，让妈妈们形成口碑宣传，使更多的消费者认识、了解和肯定启初品牌研发

理念及产品品质（图 4）。

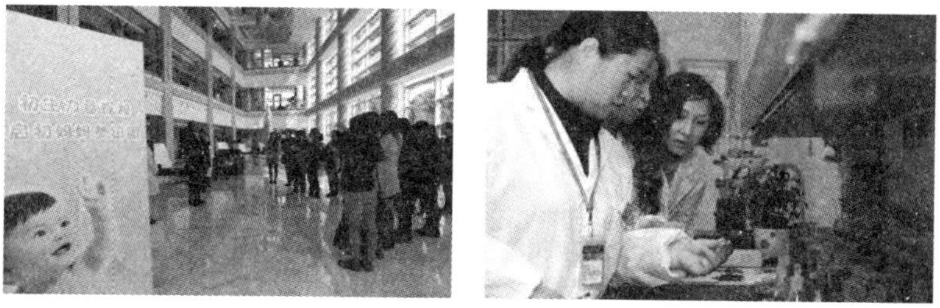

图 3 参观启初婴幼儿个人护理研究中心

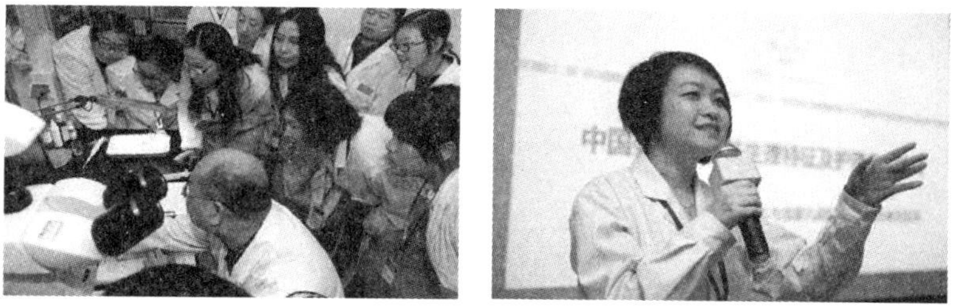

图 4 启初专家与妈妈们分享更适合宝宝需求的育儿知识

三、以高品质、细节设计吸引消费者关注和喜爱

再来看启初品牌产品的包装形象。启初的 VI 设计十分有心，产品外观以奶瓶为形状模板，辅以清新的“启初蓝”加乳白色的配色方案，并且在设计细节上以方便妈妈使用为基本原则，突出圆润、安全的特征，连启初的LOGO，都是以一个爬行婴儿的一笔画来呈现的，一切都深受妈妈们喜爱（图 5）。

正如消费者所评价的——“喜欢清新的‘启初蓝’，包装高端大气，给人纯净安心的感觉，很舒服。”启初品牌产品包装设计也获得了业界的专业认可，荣获 2014 年“Pentawards 国际包装设计大赛银奖”。

图 5 启初 LOGO 及 VI 设计

第五节 启初全新品牌上市营销推广

一、分析目标消费者的行为轨迹及触媒习惯

初步建立了消费者对启初品牌的认知，如何让这一批宝贵的“种子”消费者的体验快速扩散到更广泛的潜在消费者中去呢？

为了有针对性地进行品牌宣传，启初品牌管理团队深入地分析了目标消费者的行为轨迹及触媒习惯（表2）。以职业准妈妈一天的典型活动为例（上午预约产检，下午上班）。

表 2 职业准妈妈一天的典型活动

时间	活动	涉及媒体
7:00-8:00	起床洗漱，准备去医院	/
8:00-9:00	去妇产科医院路上，查看微博、新闻或看电视剧	微博、手机网站、电视
9:00-11:30	产检/等候中，等候时，看医院电视	医院电视
12:00-13:00	午餐，回到公司，午休时搜索品牌	搜索引擎
13:00-18:00	公司上班，间或浏览感兴趣的网站	母婴垂直网站
19:00-22:00	家中休息，晚饭后翻阅母婴杂志	母婴杂志
22:00-就寝	洗漱入睡	/

由职业准妈妈一天的典型活动可以看出，年轻妈妈们每天接触到的媒体涉及线下媒体（如杂志或电视），也涉及线上媒体（如母婴网站、搜索引擎及其他网站），另外随着移动端的兴起，越来越多的消费者在使用社会化媒体（如微博、微信等）。这说明，在这样一个信息时代，单一通过传统的传播方式，如电视媒体广告，是无法达成有效的品牌传播的。并且，年轻的消费者更加偏好主动的搜索、互动的活动以及自由的选择。

因此，启初团队认为，在所有目标消费者可能出现的地方，均需要有启初品牌形象传播。而这种品牌传播过程要同时在线下和线上展开，以体验式营销为切入点，主要传播渠道围绕母婴网站、母婴杂志、专业网络媒体和自媒体进行。这样的优点在于一方面可以节约大量的制作和广告成本，另一方面可以选择多种多样的内容和形式，并且快速地获得和分析消费者的反馈。

二、公关引爆点——网络及地面投放广告宣传

启初首先启动了品牌及产品广告进行品牌宣传。启初先后制作了一系列宣传视频，包括启初品牌理念篇、启初科研篇、启初多效倍润面霜广告片——心尖上的宝贝润肤篇等（图 6、图 7）。

特别是启初品牌理念视频，运用了突破性的 2 分 45 秒长视频，通过 OTV、IPTV、妇幼联播网从品牌理念、新生命诞生和成分取自天然植物初生阶段的产品成分说明，全方位阐述品牌和产品理念。以上视频通过土豆、优酷、腾讯、搜狐视频等视频网站 24 小时轮播，有效地增加了品牌曝光度。此外，对于上海、北京妇产科、儿科医院妇幼联播 LCD 做到全面覆盖，医院覆盖及平均到达率均超过 70%，使得目标消费者在医院等候区也能够对启初品牌有初步接触和了解。

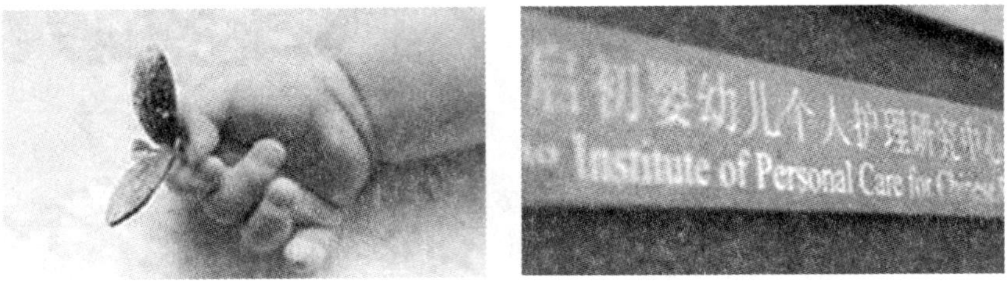

图 6　启初品牌理念视频启初科研篇视频

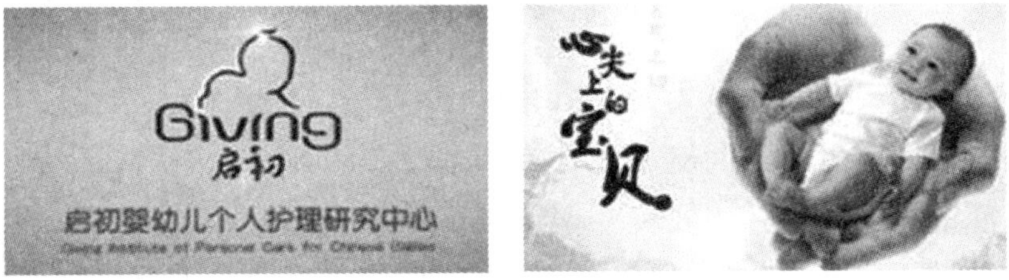

图 7　启初多效倍润面霜广告片《心尖上的宝贝·润肤篇》视频

三、专业网站深度合作——母婴网站产品派发试用

在广告宣传基础上，启初又进一步深入母婴专业网站，如宝宝树、摇篮网、上海妈妈网、太平洋亲子网等，展开产品试用活动。试用的消费者们从不同角度体验产品，大多在活动平台上或个人的博客上撰写了试用报告，还有很多妈妈登出了自己宝宝使用产品的照片，发表自己对于产品的认识和感受，产生大量角度立体、内容丰富、形式新颖的报告（图8）。

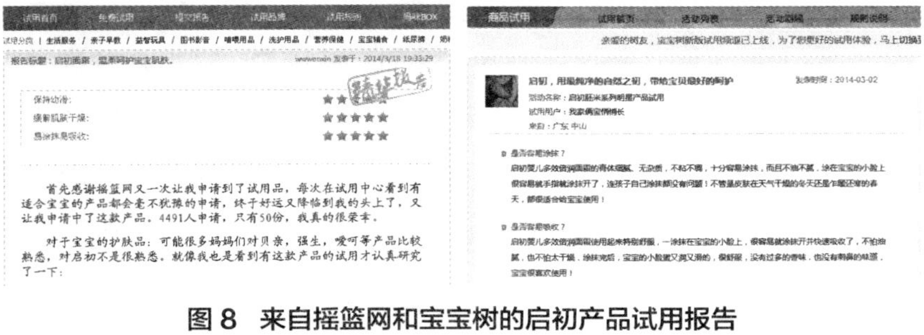

图 8　来自摇篮网和宝宝树的启初产品试用报告

启初产品试用活动总共覆盖3085万新手妈妈，4个月内共计近22万人申请试用，4923人次参与试用。活动收到了非常令人惊喜的效果，各网站曝光完成率超5%—19%，点击率超4%—22%，由此产生的大量消费者评价在网络中广泛传播。

“洗发沐浴露加了点水轻轻一抹，就有非常细腻的泡沫。这种细腻绵绵的泡沫让人很安心。”——来自“育儿论坛”的试用评价。

“多效倍润面霜富含初生胚米精华及多种营养，给宝宝的肌肤多了层天然的皮脂保护。打开盖子，细腻柔滑的面霜，像奶油般诱人。不比强生差，支持国货！”——来自摇篮网的试用评价文章。

“启初爽身粉有一点很好，就是在使用的时候没有粉尘。粉质细腻，还有舒缓肌肤的功效，宝宝很喜欢呢。”——来自电商消费者的评价。

四、利用新媒体——“万元征集启初微博宝贝”活动

自2013年8月品牌问世以来，启初品牌通过一系列新媒体传播方式，与年轻妈妈积极互动，迅速接近目标消费者。

“万元征集启初微博宝贝”活动（图9），是启新品上市后的第一波大型官方微博活动。活动要求网友上传“宝宝与初生植物”的萌照，并同时发布#万元征集启初微博宝贝#+一句话描述照片+@3位好友，最终生成一条图文微博。参与活动后，可以邀请好友在规定时间内为自己投票。

本次活动带动了官方微博人气。活动举办期间，短短一个月共收到近千张宝宝照片，曝光量近千万次，为品牌带来有效传播活动，为微博带来了人气，粉丝数上升至3307。微博全网搜索启初话题，话题量从最初的503条升至6606条，增长了1213.32%。网友晒出的“宝宝与初生植物”的萌照生动体现万物出生的moment，从情感和产品层面做出有效连接。

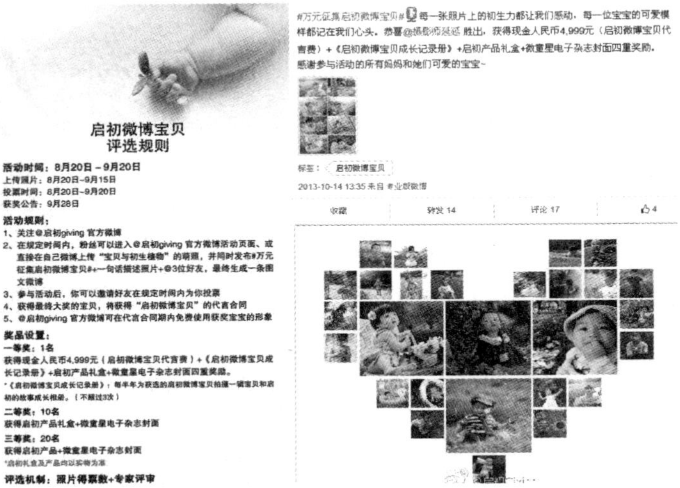

图 9 启初“万元征集启初微博宝贝”活动

五、整合自媒体——官网、官微、天猫店联动

除了以上网络活动，启初还整合各个自媒体的特点和优势，充分将官网、官微、天猫旗舰店联动起来，成功地举行了多次网络促销活动。

启初的官网是最权威的自媒体。在上面有最全面、最权威的品牌及产品信息展示，是了解婴幼儿肌肤护理知识的专业平台；启初官微是时效性最强的自媒体，实时发布品牌最新动态及试用活动，引爆话题热潮，拉动品牌关注度，并进行产品口碑宣传；启初天猫旗舰店是口碑聚集的自媒体。通过电子商务渠道，进行更多的产品促销，切合消费者购物潮流，最直观反映消费者产品购买感受及产品使用口碑，引发二次传播（图 10）。

以 2014 年天猫双十一辣妈狂欢节为例。在临近双十一前，启初首先在官网首页增加轮播 KV，为天猫双十一辣妈狂欢节预热。然后，官方微博迅速跟进进行转发产品限时促销信息，引发消费者关注。在双十一当天，达成消费者聚集和产品销售，集中引发后期的产品好评及二次传播。双十一结束后，官方微博再次发起活动回顾，吸引消费者参与互动（图 11）。

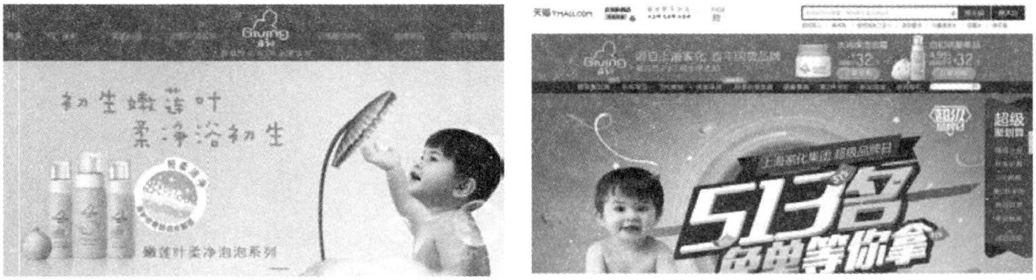

图 10 启初官方网站和天猫旗舰店

图 11 双十一辣妈狂欢节官方网站、官方微博和启初天猫旗舰店互动

第六节 启初品牌展望

上海家化在 2014 年年初聘请了贝恩咨询公司来协助公司中高层管理团队共同制定五年发展战略，设定了清晰的发展目标。公司的主营业务将聚焦三大领域，即化妆品、个人护理用品以及家居护理用品。公司的资源将集中投入在五大核心品牌，婴幼儿护理品牌启初也是其中之一。

启初品牌作为百年企业旗下的新兴品牌，自 2013 年 8 月上市以来将近 3 年，并已清晰地制定了未来 5 年的大发展目标。启初品牌所肩负的，不仅仅是上海家化新品牌的未来，更是0—3岁婴幼儿护理产品中国民族品牌的未来。

——案例启示——

上海家化“启初”品牌的市场运作无疑是一个成熟的市场运作案例，本案例最主要的成功之处在于极其细致地将一个品牌构想通过细致入微的调研、定位、铺垫、推广实施使其能够在市场和客户心理层面展现出丰富的内涵。这种启示在以下三个层面是挖掘最为深刻也最为成功的。

首先，在“启初”之前，婴幼儿卫生护理市场并不是一个空缺或不饱和市场，强生的领导性地位，贝亲、嗳呵的尾随状态，使得该市场处于一个过饱和的竞争状态。但是“启初”从婴幼儿卫生护理市场的消费安全的恐慌性心理入手，细致推敲了各大品牌在定位上留下的消费识别不清的定位空缺问题，进而发现消费者的其心可用，建立起“启初”的定位与市场竞争战略。这种从需求深处入手的市场机会的发现方式，是远远高于那些空洞的人口学统计。市场容量测算的机会发现原始方式，也更为符合连续性市场真实市场机会的发现建立方式，值得广大企业深入体会与思考。

其次，一般而言，在实际市场操作中，确立进入一个细分市场，进而做出品牌定位是容易的，但如何围绕一种定位，在消费感知层面建立起丰富的联想和直观的感受是困难的。“启初”，从产品的文化消费心理入手，利用本土企业了解国人思维文化逻辑这一巨大优势，进而完成产品的打造，使得整个产品在文化心理层面顺理成章，一起手就将其他品牌的产品构成逻辑，放在了被动的地位，为“启初”的推广热卖打下了坚实的基础。同时为了强化这种产品构建逻辑的真实性，采取了一系列活动，使其变得可体验、可体会、科学、准确。每年都有打着文化健康牌的大量产品上市，但是这些产品往往在产品构建环节和体验环节流于空洞的哲理文化陈述，体验过程玄学化。而“启初”的这种诠释和把握方式明显更为精到，更值得借鉴与模仿。

最后，在一个宣传无处不在的强干扰广告环境下，在一个全国性市场的运作中，“启初”没有在宣传推广环节丧失目标的精准性和对宣传频度的把握。“启初”从准确把握消费者的行动轨迹和相应的阶段性信息获取通道入手，这种具体目标人群行为过程的细化控制方式，虽然案例中阐释得还不够细致，但是可以发现这种思维和广告管理的逻辑，使得每一阶段的广告诉诸点都会变得清晰化、具象化，也使得品牌植入人心的过程变得循序渐近。这一点“启初”给那些试图进行广告成本控制和品牌影响力建立的企业上了一次生动的实战课。

（编写：马军平）

马应龙
新媒体环境下的品牌整合营销

对于中国人来说，马应龙不是一个陌生的品牌。马应龙始于明朝万历年间，是拥有四百余年历史的中华老字号上市公司。四百多年来，马应龙持续经营，谱写了悬壶济世的医药传奇。具有独特功能的产品和清晰的品牌定位使得马应龙有着众多的消费者。到了现代社会，随着家庭医疗卫生条件的提高，马应龙更是成为许多家庭必备的生活常用OTC药品，一直以绝对领先的市场份额独占鳌头，在肛肠治疗产品领域，可谓独树一帜。

作为一个老字号的品牌，虽然马应龙有稳定的目标客户群体，但是随着市场同质产品的出现，品牌传播手段的不断更新，原有的消费群体逐渐老去，新生代的消费群体，特别是35岁以下的消费群体对马应龙品牌的认知还很弱，充其量只是一个老字号的民族品牌。而国家政策对像马应龙这样的药品品牌传播有着较为严格的控制。马应龙希望借助互联网+时代的到来，为品牌传播再做一些新的尝试与探索。

如何使马应龙这个老品牌重新散发青春的光芒？在传统的品牌传播途径基础之上，马应龙还需要借助新媒体做些什么？如何吸引年轻消费者，提升马应龙在年轻消费者群体中的市场渗透率？在新媒体不断冲击传统媒体的今天，如何借助新媒体提高沟通效率？这些问题是马应龙品牌管理团队必须解答的。

随着老百姓生活水平的不断提高，健康问题是人们越来越关注的话题。电视上越来越多的健康养生类节目不断占据较好的播出时段。同时各大网络视频公司也将目光聚焦在健康养生类原创节目。2013年，马应龙与腾讯视频联合出品第一季《健康APP》，马应龙的品牌和产品信息都在里面得到了充分体现，平均每期播放数高达500万人次。马应龙开创的第一季播出之后，吸引了很多药企的关注，之后其他知名药企抢着冠名。

这并不是马应龙在网络传播的第一次创新了，早在2010年世界杯期间，马应龙就开始了最早借助网络视频传播品牌的尝试，较早抢占网络视频广告价值洼地，并率先在业内开展创意视频内容营销，2013年开始通过自制短剧以及与网络视频网站共建原创健康栏目等方式进行一系列的品牌传播活动。

随之而来的是，马应龙在痔疮药品零售市场的份额超过40%，连续多年成为治痔领域的第一品牌。在世界品牌实验室、世界经理人周刊联合评估的2015年“中国最具价值品牌500强”排行榜中，马应龙名列第182位，品牌价值达到了135.75亿元。

随着移动互联网在生活中的迅速渗透，社会化媒体和精准的定位营销方式正在引发各个行业的革命。“新媒体营销传播”已经成为传统行业在企业营销中不断尝试的重点。而马应龙通过全方位的网络营销策划，成功地抓住了新媒体营销传播的先机，成功地通过互联网为品牌赋能，不断地吸引年轻消费者的眼球，使得民族品牌再次获得活力。

第一节　老品牌新故事

一、企业概况

马应龙是商务部首批认定的中华老字号企业，始创于1582年（明朝万历十年），历经14代人的传承，迄今已有433年的悠久历史。历经时代变迁，马应龙这块老字号金字招牌却愈显活力。1995年，引进控股股东中国宝安集团，更名为“马应龙药业集团股份有限公司”，由此进入高速发展时期，各项经济指标均实现了30—50倍的增长，国有股权资产更是实现了近100倍的增值；2004年，马应龙股票成功在上海证券交易所上市，其股票复权价格目前已接近200元/股。2014年度实现主营业务收入16.21亿元，同比增长1.16%；实现净利润2.01亿元，同比增长8.13%；实现扣除非经常性损益的净利润1.82亿元，同比增长7.37%。目前，马应龙已发展成为一家涵盖药品研发、生产、药品（主要产品见图1）批发零售、连锁医院、药妆等多个领域的专业化多功能的上市公司。

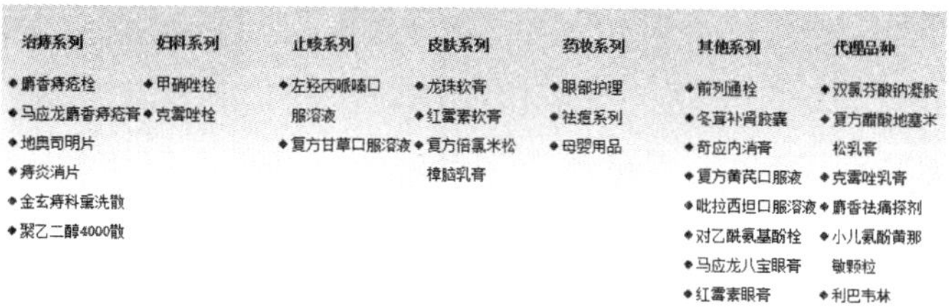

治痔系列	妇科系列	止咳系列	皮肤系列	药妆系列	其他系列	代理品种
◆麝香痔疮栓	◆甲硝唑栓	◆左羟丙哌嗪口服溶液	◆龙珠软膏	◆眼部护理	◆前列通栓	◆双氯芬酸钠凝胶
◆马应龙麝香痔疮膏	◆克霉唑栓	◆复方甘草口服溶液	◆红霉素软膏	◆祛痘系列	◆冬葺补肾胶囊	◆复方醋酸地塞米松乳膏
◆地奥司明片			◆复方倍氯米松樟脑乳膏	◆母婴用品	◆奇应内消膏	◆克霉唑乳膏
◆痔炎消片					◆复方黄芪口服液	◆麝香祛痛搽剂
◆金玄痔科熏洗散					◆吡拉西坦口服溶液	◆小儿氨酚黄那敏颗粒
◆聚乙二醇4000散					◆对乙酰氨基酚栓	◆利巴韦林
					◆马应龙八宝眼膏	
					◆红霉素眼膏	

图1　马应龙产品系列图

二、品牌定位及品牌精神

公司以品牌经营战略为主导战略，推行产品经营与资本经营相结合的发展思路，以市场为导向，强化核心竞争力，以品牌为纽带，整合社会资源，满足客户需求，培育客户忠诚，实现企业价值。马应龙坚持以肛肠及下消化道领域为核心定位，围绕大健康领域积极寻求发展机会；贯彻“工业重速度，商业重质量，诊疗重布局”的思路，聚焦核心优势领域，构建药品经营、诊疗技术、医疗服务的产业链，实现产业立体化和聚焦叠加。

马应龙的品牌精神是“龙马精神”。龙寓示着远大的理想，坚定的信念，执着的追求，发现规律进而驾驭规律，与时俱进，处理好人与自然、人与社会的关系。马寓示着脚踏实地，以包容的胸怀厚积德行，尊重规律同时顺应规律，真诚实在做人，勤劳踏实做事。应，即龙与马的呼应，寓示着包容、虔诚的品德与踏实、奋发、向上的精神相结合，远大理想与踏实肯干相结合。马应龙在网络传播时，通过新媒体不仅展示了企业产品，更是将品牌精神蕴含其中传播并引起消费者的共鸣。

第二节　传统营销传播遭遇瓶颈

一、马应龙品牌传播内部困惑

首先，国家政策的严管。国家和媒体对药品广告的审核最为严格，而像痔疮药这样的特殊产品，更是严上加严。即便通过了广审，国家也规定在三餐时间不得播出，而且很多频道和栏目直接谢绝这些特殊的药品广告。马应龙的传播，就像戴着镣铐在跳舞。其次，马应龙需要加强同年轻消费者的沟通。多次的市场调查结果显示，马应龙在 35 岁以上人群中占据绝对的品牌优势，但在 35 岁以下群体中的影响力还需要进一步提升。最后，面对日益复杂的传播环境，马应龙的广告预算一直比较稳健，虽未减少，也不可能大幅度地追加预算。要想取得以小博大的传播效果，必须要实现传播增值。

二、品牌传播外部环境悄然变化

各种新媒体的出现，使企业品牌传播的外部环境悄然变化。第一，目标受众难以锁定。在新媒体环境下，受众被众多的媒体渠道分流，很难形成大规模受众的聚集。因此企业要对大规模的目标受众传递信息、施加品牌影响越来越困难。第二，内容传播力降低。新媒体时代，内容渠道、平台相当丰富。信息内容爆炸式增长意味着内容之间的竞争越来越激烈。第三，品牌危机频发。传统媒体时代，品牌遇到的质量、服务等不良事件，比较容易地通过媒体公关得到解决。但新媒体时代，传播权力已经很大限度地交给了受众。在微信、微博等社交媒体上，品牌的任何负面问题都可能通过不停转发演化成一场全国范围内的品牌危机，甚至对品牌造成毁灭性打击。

三、选择新媒体传播的理由

如何把有限的预算投入到合适的媒体上，做到精准有效的高性价比传播成为了市场部门首要考虑的问题。过去“广告一响，黄金万两”粗放式的高举高打模式已经逐步失效，开始向精细化操作方向转变，新媒体的出现像一把双刃剑。既改变了传播环境又给品牌传播带来了新的契机。首先，用户契合度高。所有的网民，不是痔疮患者，就是痔疮的潜在消费者。通过互联网也更容易和年轻消费者互动交流。其次，网络媒体更符合未来媒体发展的趋势，更能实现营销传播的创意、精准和互动。与传统媒体不同，网络宣传为品牌传播提供了充分发挥的空间，而且可以及时便利地表现出来，在网络平台上进行互动和分享。再者，网络媒体正处于快速发展期，及早介入，可以抢占媒体蓝海，享受传播红利。

第三节　借力互联网＋，创新品牌传播

新媒体随着现代通信技术的发展而不断更新与完善，如果说第一次在网

络视频中投放广告贴片是马应龙借助新媒体传播企业品牌试探性的尝试，那么后续的动作则显示了马应龙利用新媒体创新品牌传播的计划性。在利用新媒体对品牌进行整合营销的过程中，马应龙大致经历了网络视频广告贴片投入、网络创意视频内容营销、推出视频网站原创健康栏目、全方位社会化传媒口碑营销以及切入移动互联网传播这个五个重要阶段，其关键事件如图 2 所示。

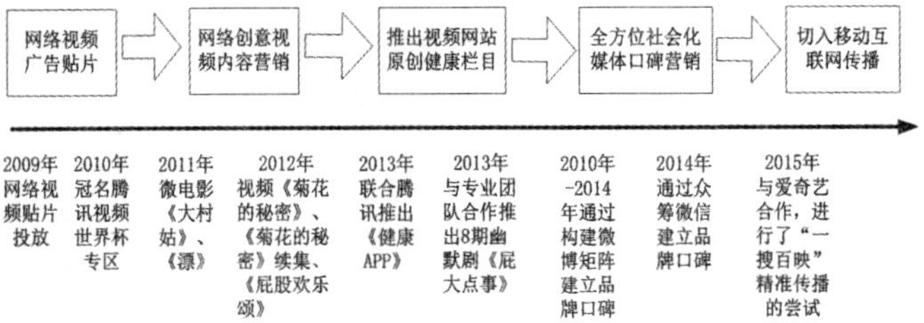

图 2　马应龙新媒体品牌整合营销大事记

一、尝试网络视频贴片投放，抢占同行业广告价值洼地

人们的传统电视收视习惯逐渐被互联网时代改变，电视广告价格偏离投资价值。与此同时，网络视频网站正在快速崛起，视频广告具有独特的价值与高性价比，当医药行业的大多数企业还在观望的时候，马应龙从 2009 年开始，已在行业中较早开始了网络视频贴片投放，取得了广告传播的投资红利。当后来大家都意识到进行网络视频投放时，广告价格已经有了几倍甚至十来倍的增长，而且前贴片也从一条增加到了现在的四五条。比如 2009 年一个视频前贴片 CPM（千人浏览量）的平均价格可能只要 3 元左右，而到 2015 年，20 元左右的 CPM 都很难拿到了。由于马应龙进入较早，即便后来价格上涨，也能拿到相对优惠的价格。

马应龙在 2010 年世界杯期间，冠名腾讯视频世界杯专区，针对世界杯期间的熬夜看球、酗酒、饮食辛辣的球迷进行精准投放，成为当年网络冠名世界杯的少数药品企业之一（图3），取得了良好的宣传效果：马应龙冠名的腾讯世界杯视频播放页面共获得3.71亿次的浏览，其中最核心资源15秒前贴片广告曝光次数为1.32亿次，CPM千人曝光成本仅为2.95元！当年世界杯的冠名花费仅为100万元，2014年世界杯想要取得同样的冠名，1000万元都拿不下来。

图3 2010年腾讯世界杯视频广告截图

二、率先开展网络创意视频内容营销

在网络视频广告投放中，性价比和精准度确实不错，但也有其短板。视频贴片广告像电视广告一样，看完就没了，未能引起长尾传播效应。马应龙的产品特殊，直接宣传不易被接受。如果把产品信息和疾病教育通过创意视频的形式幽默地表现出来，不仅让受众乐于接受，还能引发他们自发传播。

经过几年的网络视频传播实践，马应龙的创意视频传播已经形成了自己独特的模式，并在业内获得认同。概括起来包括两个层面：一个层面是以产品功能和消费者教育为主的病毒视频，另一个层面是以品牌精神诉求为主的微电影。

1. 以产品功能和消费者教育为主的视频内容营销

视频《菊花的秘密》（图 4）以幽默诙谐的口吻，将得痔疮的原因以及日常防护的相关细节在视频中以动画形式展现，同时在视频中将马应龙产品的功效也穿插其中，寓教于乐。马应龙把患者教育和产品功效以一种幽默轻松的方式植入到视频里面，让目标受众乐于接受、传播和分享。

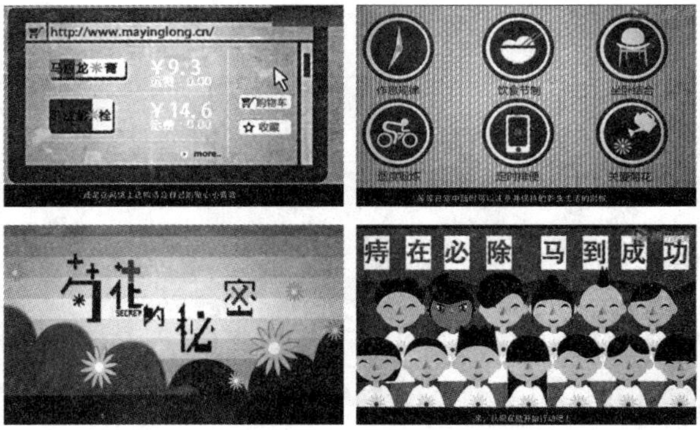

图 4 《菊花的秘密》视频短片截图

当《菊花的秘密》视频在网络中传播取得较好成效之后，马应龙乘胜追击，随即推出了续集《关我屁事》（图 5）以及《“屁股”欢乐颂》（图 6）借助马应龙产品治疗疾病的特殊性，将幽默进行到底。

图 5 菊花的秘密视频续集视频截图

图 6 《“屁股”欢乐颂》视频截图

2. 以品牌精神诉求为主的微电影视频内容营销

马应龙网络视频内容营销的另一个层面是以品牌精神诉求为主的微电

影。它和病毒视频不同，微电影里几乎不提及产品的介绍或功效，它要实现的目标是和消费者形成某种情感上的深度共鸣，而这种共鸣是与马应龙的品牌精神诉求相吻合的。

目前的品牌诉求方向主要有两个。一个是励志，诉求“龙马精神，健康人生”，代表作《大村姑》（图 7）。条件艰苦的村子里有六个小姑娘，通过电视了解到了外面的世界，1986 年女排五连冠时，她们深深爱上了排球运动。在村支书的全力支持下，她们刻苦地训练，然而却与县排球队的甄选失之交臂，但是与实现梦想机会失之交臂的几个女孩，面对着别人的嘲讽和反对并没有放弃为实现梦想而努力。多年以后，当她们都已不再年轻，都已为人妇时，村支书重病在床，急需治疗费用，于是她们终于决定重拾当年的梦想，参加排球比赛为村支书赢得奖金。

图 7　励志微电影《大村姑》片头截图

另一个品牌精神诉求是关爱，诉求“细微之处，无限关爱”，代表作《漂》（图 8）。马应龙联手土豆网倾力打造都市温情微电影《漂》。这部微电影是两家企业 2011 年全年传播合作中的点睛之作，亦是马应龙作为四百年老字号的药业品牌与土豆网在微电影营销方式上的一次全新尝试。

微电影《漂》讲述北漂小东的父母来京探亲，作为餐厅服务员的小东没能陪伴父母去鸟巢观光。父母出门迷路，而小东上班受尽委屈。他给父母发短信寻求安慰。父母将一张与鸟巢合影照片通过彩信发给小东。小东看到照片，心中的压抑得到了释然。几天后，小东偶然拿起当时父母用过的手机，发现自己看到的彩信只是父母为了让自己安心，而与一张鸟巢路牌广告画的合影，小东顿时热泪盈眶。影片最后以“总有一种感动，在你未曾留意的地方”点题，其真挚亲情催人泪下，传递了马应龙“细微之处，无限关爱”的品牌理念。

图 8　微电影《漂》片头截图

这种差异化的视频营销模式让马应龙在网络营销中独树一帜，避开了网络视频广告依靠资金投入的恶性竞争。四年来，马应龙制作了十余支这样的创意视频，累计传播数达数亿。这种传播方式的增值一般体现在以下方面。首先，寻找懂网络、在网民中有号召力、创意能力强的团队来制作创意视频。其次，设定远高于业内的传播指标实现增值。马应龙对合作媒体的要求主要抓住一个关键点，那就是视频的播放数。一般情况下业内一支视频的播放数能达到 100 万次都相当不错了，而马应龙每次设定的目标都至少在 200 万次。再次，在社会化媒体平台上实现快速扩散。比如创意视频《“屁股”欢乐颂》仅在新浪微博的转发数就高达 12 万次，阅读量超 5000 万次。最后，好的内容可以突破多屏增值。现在电视屏、PC 屏、PAD 屏和手机屏都是独立的收费系统，全面投放广告代价很高。而好的内容则可以突破这些障碍。马应龙制作的很多优秀视频都被推荐到央视、卫视、地铁电视和公交电视中免费播出，广告价值超百万元。

三、推出视频网站原创健康栏目实现整合营销传播

随着视频网站的兴起，对内容和版权的需求日益旺盛。视频网站为了逐步摆脱对传统电视台的版权依赖，开始花大力气来打造自己的原创栏目。与此同时，社会上也诞生了大批的内容制作机构，来抢占制播分离后的市场蛋糕。为迎合这种变化，马应龙与视频网站和制作团队分别进行了内容合作尝试。

1. 联合腾讯合作推出《健康 APP》

图 9 《健康 APP》视频截图

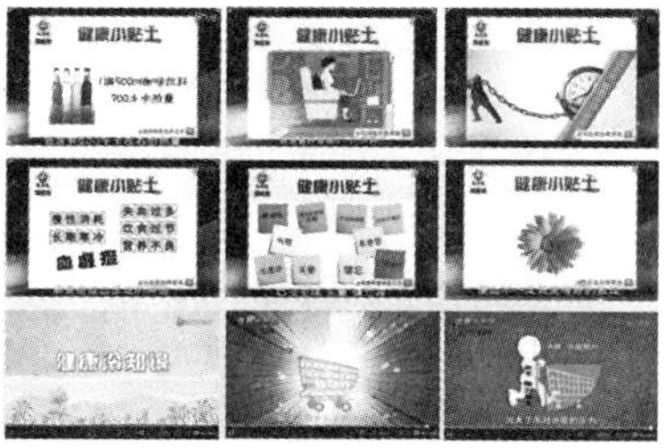

图 10 《健康 APP》健康小贴士、健康冷知识栏目视频截图

马应龙百年药业品牌推广，针对都市白领真正关心的健康问题，2013 年与腾讯视频进行深度合作，结合时下都市白领关心的健康问题，打造《健康 APP》都市白领健康类视频节目（图 9），每期 15—20 分钟，共 13 期。

在轻松幽默的氛围中，通过央视名嘴主持和权威专家讲解，品牌领衔为节目贡献网络原生内容。开辟健康小贴士和健康冷知识两大节目品牌固定出演板块（图 10），每集 4—6 次健康小贴士，每集 2 分钟健康冷知识。针对马应龙麝香痔疮膏主治功效，进行深度产品“对症下药”科普植入，借资讯服务让品牌和广告更柔软地接触消费者。马应龙与腾讯视频联合出品的《健康 APP》成功播放 6421.6 万次，视频框内曝光资源 CPM57503 个，PC 端活动参与人数 401255 人。

微信发起微信端 # 我问健康 APP# 分享有礼活动，激活“朋友推荐”强渗透。微信参与人数 7 万以上，微信朋友圈转发率超过 20%，朋友圈收视回流份额超过 5%。微博 # 我问健康 APP# 标签，阅读数 2119 万次；# 我问健康 APP# 微话题号召广大网民有奖转发《健康 APP》科普保健帖，缔造品牌原生视频口碑，参与人数较预期超出 10 万以上，影响力大，覆盖面广。公关稿覆盖 10 个较大的媒体和论坛，引发百万微博账号转发，酷 6、华数在线等多家视频媒体自发引用，及线下媒体报道等。

2. 推出以关注肛肠健康为目的的网络幽默脱口秀短剧

马应龙还同独立制作团队万合天宜合作，制作了 8 期适合网络传播的幽默脱口秀短剧《P 大点事》（图 11）。该剧围绕与屁股相关的各种逸闻

图 11 《P 大点事》视频截图

趣事展开，最终落到提醒大家关注肛肠健康的主题。栏目由现在火遍网络的《万万没想到》主演白客（王大锤）和小爱主演，非常具有长尾传播效应。

从日常生活小事出发引经据典讲述与屁股相关的那些事儿，为国内首档聚焦屁股知识的搞笑科普节目。节目旨在以生动趣味的新鲜模式为大众提供与屁股有关的生活健康资讯，它完全突破了过去身体健康节目枯燥无趣而模棱两可的讲解风格，反而在引经据典的同时融入了角色扮演、场景重现等新鲜元素，使节目呈现出丰富的知识性和强烈的可观看性。

四、通过社会化媒体推进全方位口碑营销

社会化媒体时代的到来，正在逐步打破以往的宣传模式。新的宣传模式，不再过度依赖传统的大众媒体，而主要以自身平台和大量的自媒体为主，我们称之为社会化口碑营销（图 12）。一方面，企业建立并不断优化自有的宣传平台，比如营销型网站、博客、官方微博、官方主页、APP 应用等，通过提升影响力和关注度来加大自身品牌和产品的宣传力度，逐步减少对大众媒体的依赖。另一方面，要借助大量自媒体实现企业口碑信息的扩散传播，比如借助员工的自媒体、客户的自媒体、行业专家的自媒体等。这种模式要达到的目标是：虽然没怎么在大众媒体上做宣传，但是企业总能发出自己的口碑信息，而且消费者经常能在网络或交流中分享得到。

近年来，马应龙率先提出全员网络口碑传播的理念，并将其作为一项重要的基础工作大力推行。建立了产品官方微博和微信公众号，鼓励销售一线参与微博、微信宣传，倡导工作即传播的理念，销售中心 90% 以上的同事都不同程度地参与了口碑宣传。微博鼎盛时期，马应龙关键词的微博搜索量每月呈 60% 以上的速度递增，间接影响人群数千万。通过自媒体运营，马应龙经常能捕捉到有趣信息和社会热点进行借势传播。

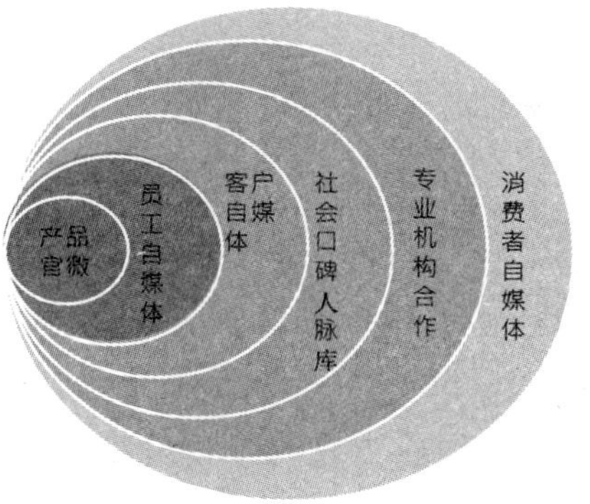

图 12　马应龙社会化口碑传播图

1. 小微博，大口碑

从 2010 年开始，马应龙就非常重视微博营销。除了有专员维护微博外，公司实行全员口碑营销，全公司所有员工包括各地办事处员工都参与到口碑营销中。以“马应龙”为关键词，可以搜索到 500 多个带有“马应龙”标签的微博。如图 13 所示马应龙微博矩阵。这些微博有时潜水，有时会出来造势。

马应龙通过微博平台不断建立口碑。第一，马应龙杜绝其官方微博采用某种软件来发布消息，而让粉丝们看到这个微博是一个有血有肉活生生的人。第二，马应龙明晰自己的定位。通过搜索“马应龙”这个关键词，

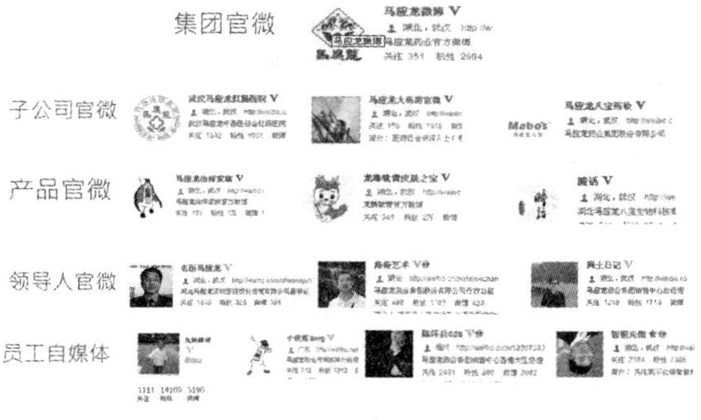

图 13　马应龙微博矩阵

发现与之相关的话题有痔疮、肛肠等。痔疮原本是个难言之隐，但是在微博上将痔疮这个话题娱乐化，把原本大家不太愿意说的东西慢慢变成大家乐于接受、乐于去说的东西。慢慢地，大家在谈到以上话题时，自然就会想到马应龙。第三，紧抓内容营销。有的微博做久了，可能会发布些同质化很严重的内容。马应龙在积极关注微博上与马应龙相关的话题是什么。在热词讨论时，积极参与互动。让大家在讨论到“痔疮”“肛肠”等话题时，第一时间想到的是“马应龙”。这也说明了，微博受众更愿意面对活生生的人，而不是冷冰冰的官方微博。

2. 众筹微信，创新口碑传播

企业开通微信早已不新鲜，马应龙众筹办微信一事却搅热互联网和朋友圈，引来网易、腾讯等诸多媒体围观、热议。2014 年 12 月 11 日，一篇题为《分享观点，赚取稿费，马应龙自媒体就是这么任性》的征稿帖，以 H5 的形式现身微信（见图 14）。有趣的内容和活泼的形式立即吸引了不少网友关注和转发，阅读转发量频频刷新，相关评论不绝于耳，讨论持续发酵。

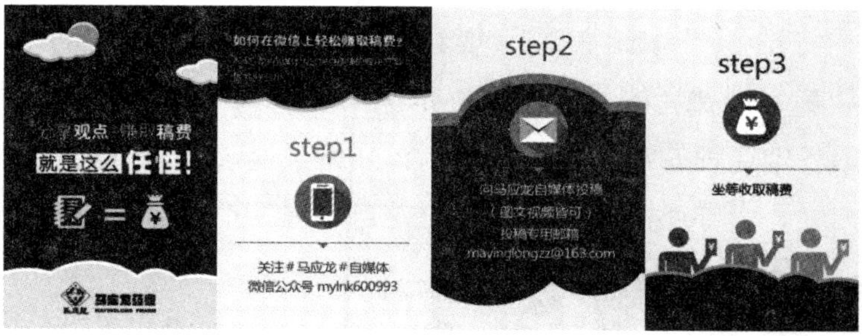

图 14　马应龙微信平台征稿启事

帖子中提到的“马应龙自媒体”，就是马应龙药业打造的一个内容采集与传播完全开放的微信公众号（mylnk600993）。这个平台虽然是马应龙搭建，但各界人士均可登台“唱戏”，不只谈论马应龙，也可以谈医药、大健康、互联网以及各种资讯和趣事，即使是一个段子、一个观点、一点感悟、一段视频、一幅图片或漫画、一个设计或创意，都可以在这个平台上发布展示。

在网友有关马应龙自媒体的各种热议声中，反映最多也最强烈的，是征稿帖中公布的明码标价的稿酬制度。马应龙在征稿帖中明确表示，“将根据所刊登文章的阅读量向文章作者支付稿酬，优稿优酬，特稿特酬，上不封顶”。而且门槛很低，阅读量200即可享受50元的稿酬，相当于白送。由于低门槛、零要求，还能拿稿酬，马应龙自媒体后台连日来已收到数百位网友的投稿咨询，与此同时，马应龙自媒体专用邮箱（mayinglongzz@163.com）也陆续收到全国各地网友投递过来的各类作品，邮件爆棚。

马应龙微信公众账号自媒体发布的内容以创意打造为核心，覆盖公司动态、行业政策、产品推广、子公司业务和节日优惠活动等。仅仅一个季度就编发各类文章和消息110余篇，其中，98%的信息为公司内外人员原创，马应龙微信公众号的阅读总量超过4万人次。

马应龙通过微信平台重视线上线下互动，开展终端活动，增加店员、消费者黏性。在把握微信在传播中的即时性特点后，马应龙将微信运用到终端业务中去，打造了“马应龙2015年春节手绘POP大赛”活动（图15），加强了与店员、消费者的品牌沟通。本次活动也为马应龙产品2015年春节期间在全国各地连锁的销售营造了氛围，强化了连锁店员对马应龙产品的关注与推荐力度，引导连锁店员关注马应龙自媒体，推广了马应龙品牌。

图15　马应龙2015年春节手绘POP大赛

活动期间，马应龙自媒体发布活动通知和进展，共征集到各类参赛作品 637 幅，评选出 160 幅获奖作品并发放了奖品、奖金，向粉丝推送了 21 篇有关文章，宣传活动实时进展情况，与粉丝互动，解答粉丝关于大赛各阶段的疑问，吸引参赛者和粉丝的关注。短短 3 个月，微信粉丝数突破 6000，较之前实现 5 倍增长，已跻入企业微信公众号的 22%。

五、精准投放视频，切入移动互联网传播

随着移动互联网的迅猛发展，除了内容营销持续受到重视外，跨屏和精准也成为营销的关键词。现在网民上网开始从 PC 端向平板电脑和智能手机转移，多屏联动成为营销常态。通过互联网大数据挖掘和利用，可以把你的广告推送给精准的人群。

马应龙和百度旗下的爱奇艺合作，进行了“一搜百映”精准传播的尝试（图 16）。简单说，如果一个网民近期在百度上搜索过与马应龙和痔疮相关的词语，当这个网民通过爱奇艺收看视频时，就会有马应龙的广告精准推送给他。如果这个网民正好想深入了解，他还可以点击进入专区页面实现咨询、购买甚至就诊。

图 16 “一搜百映”精准传播视频截图

马应龙也率先在移动互联网上进行了投放尝试。除了以往推出的创意

视频和自媒体内容可以很好地在移动端展示外，马应龙针对 PAD 和手机等智能终端的视频贴片广告也进行了投放，覆盖了人群日益庞大的移动互联网网民。

凭借社会化营销，马应龙在网络上几乎已成为治痔行业的代名词。原本痔疮及相关的身体部位是一个难言之隐，马应龙通过风趣的社会化语言，将其变成一种娱乐，产生持续互动，其在网络上的声音大大超过了竞争对手。竞争对手在传统电视广告投放的费用大概是马应龙的 2—3 倍，但马应龙的销量却是其 2—3 倍，而且这个差距还在继续拉大。

第四节　新媒体营销成绩斐然

一、继续占据治痔品类市场领导地位

根据国家药监局南方经济研究所的数据监测，马应龙在痔疮药品零售市场的份额超过 40%，连续多年成为治痔领域的第一品牌。在世界品牌实验室、世界经理人周刊联合评估的 2015 年“中国最具价值品牌 500 强”排行榜中，马应龙名列第 182 位，品牌价值达到了 135.75 亿元。

二、品牌认知和广告认知均提升

目前，企业日益增大的宣传需求与媒体价格飞涨和效果下降形成矛盾。现在的媒体越来越多，效果越来越不好评估，价格却以每年不低于 15% 的速度飙升，加之通货膨胀的影响，马应龙每年相对稳定的广告预算，其实际购买力其实在逐年下降。马应龙主要竞品的广告预算每年远远高于自己，但是根据第三方的调研数据显示，马应龙的各项传播指标均远

超对手（图 17）。

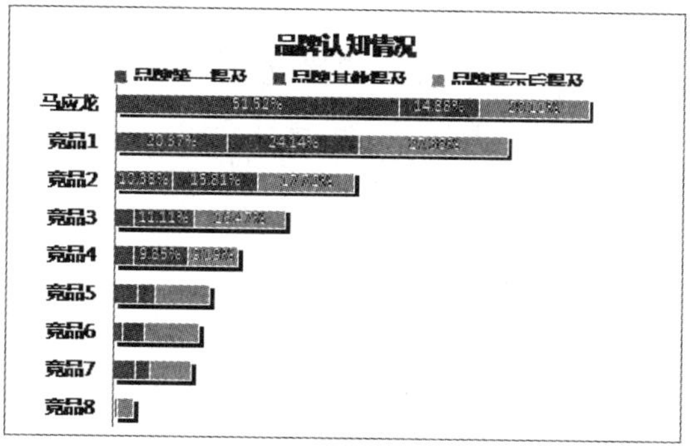

图 17　2013 年度的品牌认知和广告认知调研

三、品牌年轻化得到改善

马应龙以前在年轻消费者中的认知度不高，自 2012 年起，马应龙在各个年龄段的认知度全面超越竞品（图 18）。

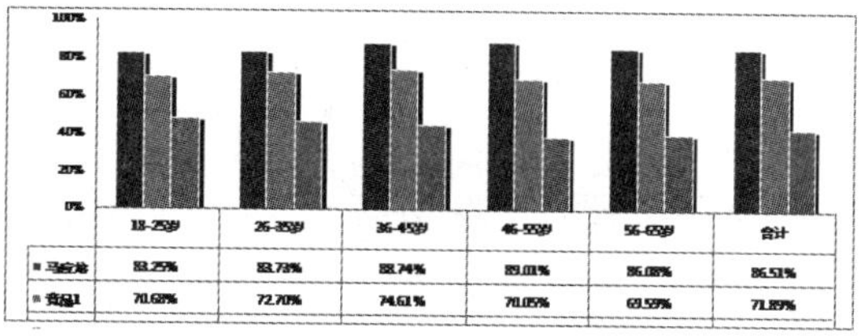

图 18　各年龄段对品牌的认知情况

四、新媒体营销得到第三方的认可

在以往的传统媒体时代，马应龙受预算和国家政策限制，很多创意和创新难以体现。随着网络营销时代的到来，马应龙在这方面的尝试获得了业内的普遍认可。近年来，马应龙获得了国内第三方数十个奖项认可，被多家专业媒体进行过专题报道（如表1所示）。

表1 马应龙新媒体营销获奖及报道汇总

时间	报道内容/获得奖项
2010年	土豆网络营销盛典内容营销类大奖；中国第二届数字金投赏金奖
2011年	2011年金鼠标网络营销大赛银奖；第二届中国经典传播运动大奖医药类银奖；新浪网首届微电影节最佳微电影剧本提名
2012年	第四届金远奖“最具网络传播力”奖项；第三届金鼠标网络营销大赛铜奖、银奖及最具创新精神网络广告主奖；《大村姑》荣获最佳微电影广告植入奖；《大村姑》荣获壹基金公益映像节最佳剧本奖和最佳剪辑奖；《大村姑》获2012首届中国(成都)微电影节最佳创意奖
2013年	创意视频《菊花的秘密》获评中国非处方药广告奖网络创新传播奖 第二届社交网络营销论坛暨金蜜蜂最佳病毒视频类银奖 百度爱奇艺PPS2013年度最佳整合营销奖
2014年	第五届中国经典传播虎啸大奖铜奖

——案例启示——

1. 新媒体环境下的品牌营销，关键在于抢占先机和推进执行

网络技术的飞速发展，为今后的网络营销带来了无限可能，每时每刻都有新奇的网络推广形式出现，企业必须牢牢抓住消费者的行为变化，根据消费者的需求来不断优化品牌传播策略，真正让品牌和产品走进消费者的内心。抓住先机是关键，不断实践和研讨是营销创新的唯一途径。在实践中，一方面要锻炼研判趋势的敏感性，及时抢占先机，创新领先才能赢取传播红利，后期跟随必定没有先天优势。另一方面，就是要强化持续推进的执行力，周密布局，扎实推进，不放过每一个细节，管好每一个环节。

再好的创新，执行不到位也看不到成效。

2. 新媒体环境下的品牌营销，重点在于社会化口碑扩散

马应龙网络传播活动的核心，就是围绕品牌和产品口碑，利用互联网新媒体新技术，借力创新开展创意内容营销，充分利用社会化媒体平台，实现传播增值。它主要体现在两大方面：网络视频宣传和社会化媒体口碑扩散。一方面采购主流视频网站高性价比的核心视频广告位进行高质量诉求，另一方面制作高质量的创意视频短片通过社会化媒体平台进行内容传播，引发消费者的自发关注与传播，形成持续长尾效应。马应龙所追求的最高传播境界是：让消费者主动关注并自发传播你的产品信息，让每个消费者都成为品牌的传播者。

3. 新媒体环境下网络传播的核心在于内容营销，成败在于创新和创意

网络推广的魅力在于它的互动性和精准性，而网络推广的难点也很明显：大网茫茫，如何吸引网民关注？正确的方法就是，站在网民的角度，放下身段，用他们喜闻乐见的方式打造有创新和创意的内容与他们平等交流，包括活动设计、广告设计、创意视频、图片、段子等。精巧的创意是灵魂，精美的制作是基础，必要的推广是前提，社会化媒体分享是平台。

（编写：张海丽）

朗诗
绿色创新未来

过去的十年，是中国房地产企业赚钱最容易的年代。但如今，这个时代一去不复返。房地产暴利时代的终结，也意味着高能耗建筑的终结。雾霾围城，让人们开始更多地关注气候，绿色环保也成了当今社会发展的主题。房地产的春天属于绿色科技建筑，属于绿色战略当先、顺势而为的创新型企业。先行者朗诗，是中国绿色地产最具实践价值的撬动者。它的成长历程，在粗放的行业中，是罕见却极其宝贵的。看懂这家“绿公司”，你会对中国房地产行业和中国企业的成长之路，有一番新的思考（图1）。

LANDSEA朗诗
朗诗梦 绿色梦

图1　朗诗集团标识

第一节　朗诗地产的成立

2001 年，从政府机关下海，以 1000 万元注册资本进入巨头林立的地产行业，朗诗集团的创始人田明就想好了要做一番不一样的事业。田明很喜欢动物，在一次《动物世界》中深深被海龟的故事所感触。海龟能游几万海里，最后回到它出生的海滩上产下好多卵。一窝里同时出来很多海龟，有的是大海龟帮它们扒开，有的小海龟是自己把沙子拱破冲出来，冲出来以后往海里面跑。从它出壳，到进入沙滩，到进入浅海区，这一段是残酷之旅，很血腥。岸上有狐狸、獾子、野猫等各种各样的食肉动物，天上有海鸥、鹰等各种各样的鸟，海里面还有很多鱼，所以它们会一起拼命往海边冲。最后没被吃掉、能游到深海安全区并逐步长大的小海龟，是很少的。

这个故事就像朗诗的创业一样，从 2001 年以来，朗诗从最开始没有地、没有品牌、没有技术起步，发展到成为覆盖南京、上海、无锡、杭州、苏州、常州、绍兴、武汉、成都等城市的绿色科技住宅开发和运营企业。这些成功首先要归功于房地产经济的大发展。朗诗抓住了这个机会。当然，朗诗集团的定位和差异化也使得集团有了持久发展的核心竞争力。正是因为有“小海龟”的角色定位，于是没有冒进、自傲。朗诗就是那只刚出来的最小的海龟，没有急躁，只能一步一步走，行业好的时候顺利点。

经过多年的发展，目前，朗诗集团是中国地产百强企业，是中国领先的绿色科技地产开发和运营企业。朗诗集团长期实施绿色科技差异化发展战略，目前主营业务为住宅地产开发，同时积极开展绿建科技、绿色养老、绿色金融服务等新业务。结合朗诗的海外投资战略，朗诗已在美国和德国开展地产业务。目前总资产达 275 亿元人民币（图 2）。

朗诗地产业务目前在南京、上海、杭州、苏州、武汉、成都、无锡、常州、绍兴、张家港、合肥等多个主要城市已经和正在开发 50 多个楼盘，开发总面积约 850 多万平方米。朗诗在整合国际先进技术和经验的基础上，

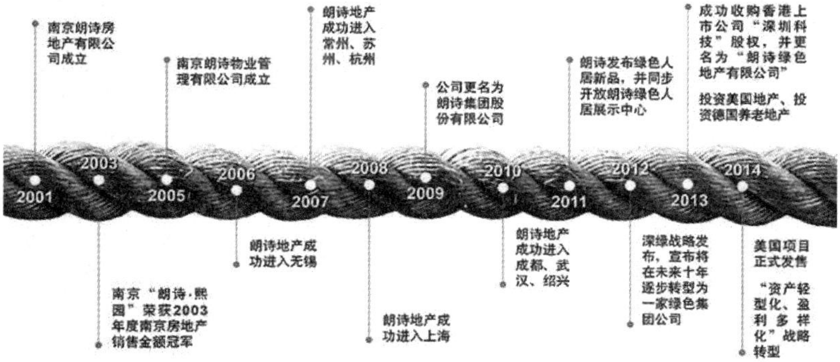

图 2 朗诗集团发展历程

已逐步形成独有的组织能力和产品特色，朗诗住宅是健康、环保、舒适、节能的绿色住宅，深得客户喜爱和认可。截至 2015 年，朗诗共有 19 个住宅项目获得国家住建部绿色建筑设计最高级别认证——绿色三星标识。

朗诗是中国绿色建筑委员会创始会员，同时也是德国、美国绿色建筑委员会成员。朗诗三次获评“中国绿公司百强”，三次获得“中国地产金砖奖——年度绿色地产大奖”，先后获得“精瑞住宅科学技术金奖”“华夏建筑科学技术一等奖”“广厦奖”等众多国家级权威奖项，旗下两个项目是国家建设部科技示范工程。朗诗集团拥有与众不同的绿色建筑技术能力，旗下拥有上海绿建科技公司、欧洲建筑技术公司、国家级绿建研发基地、甲级建筑设计院等专业机构，共拥有建筑技术领域的专利约 150 项，朗诗是业内公认的绿色建筑及其开发领域的领头羊。

依托十多年来在绿色差异化产品方面积累的能力、经验和品牌，朗诗已大力开展委托开发、小股操盘、合作开发等轻资产业务模式，将房地产传统的重资产模式变轻，以更加轻盈灵巧的姿态应对行业的变化（图 3）。

提起朗诗，人们最先想到的可能是其深入人心的“绿色科技地产”理念。2001 年 12 月 24 日，朗诗房地产有限公司成立。田明坦言，最初的 5 年是创业时期，在一座陈旧的商务楼 100 平方米的 3 间房屋里办公（图 4）。那时的朗诗没有战略，“活下来就是战略”。但是，随着市场竞争日益激烈，弱小的朗诗渐渐感到力不从心。为了能在竞争中取胜，朗诗房地产有限公司选择做差异化产品。在对国外市场考察研究后，决定将“绿色”基因注入朗诗。

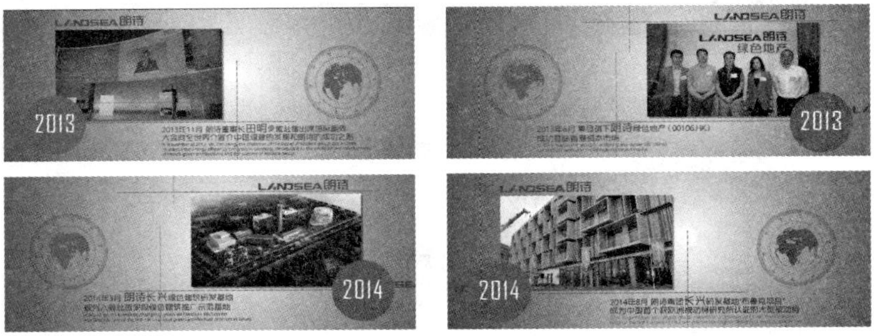

图 3　2013-2014 年的朗诗集团是绿色人居的倡导者

图 4　朗诗最早的办公场所

何为绿色地产？大多数人甚至相当一部分开发商，对绿色住宅的概念还只单单停留在小区的高绿化率，或者单项保温技术的应用上。很多消费者甚至产生了误解，认为所谓的绿色楼盘只是为追求市场热点打出的“概念牌”而已。其实，20 世纪 50 年代欧洲的绿色科技住宅就已诞生，如今高舒适度低能耗的绿色科技住宅已相当普及。而从国内绿色建筑的发展水平来看，我国的低碳住宅尚处于初步发展阶段，尽管当前很多房地产企业倡导绿色低碳，但做到真正“绿色”的企业可以说是屈指可数。

以往提到绿色地产，人们会联想到高端住宅、高科技、高投入等关键词，但是，朗诗的绿色住宅是一种理念，贯穿于设计、采购、施工、管理、服务等各个环节，涵盖所有产品线，覆盖全体消费者；而且，绿色住宅并不意味着高投入、高成本，更多的是资源的优势整合。

在“硬绿色”方面，绿色建筑需要先进的绿色技术做支撑。目前，朗诗拥有自己的科技研发公司——上海朗诗建筑科技有限公司，已获得专利授权135项。比如，朗诗目前已经广泛投入使用的地源热泵、全置换新风系统、屋顶屋面节能系统、外窗节能系统、外遮阳系统等。此外，朗诗将以上海为试点，推出业界首个“零甲醛”绿色科技住宅。而在“软绿色”方面，要利用自然资源优势，在设计源头上，充分考虑到采光、通风、降噪等方面，因地制宜地进行设计和考量。

老汤的家位于南京市河西奥体朗诗国际街区。看到雾霾天，老汤心情不会太糟，门窗都是紧闭的，但七十多岁的老汤没有感到憋闷异常，即使出门旅游七八天不回家，家里也不会有尘土。朗诗国际街区项目后来成为国内首个获得设计、运行双三星认证的住宅小区（图5）。

图5 南京朗诗国际街区实景

但据一位业主回忆，首先吸引业主的是售楼处体验间23度左右的温暖气温，湿度也很适合。国际街区最主要的三个特点是恒温、恒湿、恒氧。无需空调暖气，夏季室温保持在22℃—26℃、冬天温度保持在18℃—22℃，经年保持在20℃—26℃；常年保持30%—70%的空气湿度，满足舒适呼吸需求，保持皮肤滋润，告别黄梅天；经过净化的新鲜健康空气，自下而上流动，形成新风向，不断更新室内空气，不再担心二手烟的污染。用一位业主的话说，房子的空气交换非常快，有吸烟的朋友来，只要40分钟就能把室内空气完全置换一遍（图6）。

图6 朗诗"恒温、恒湿、恒氧"系统

老汤说，住进国际街区以后，自己把家里的十床被子都送人了，因为室内一年四季是恒温的。若不是为了接待客人，即便是在南京12月的冬天，他在屋里只用穿一件单薄的睡衣。即便不开窗，空气流通也很快，即使在南京潮湿的梅雨季节，洗完的衣服一晚上就可以干。老汤说自己睡觉很怕吵，但是朗诗的房子隔音效果很好，幸福感难以掩饰。这份幸福感是由"非主流"的科技带来的。有此感受的不止老汤一人，每一位朗诗的业主都感受到了科技给自己生活带来的幸福。盖洛普也给朗诗做过调查，测评结果显示，朗诗业主总体满意度、忠诚度均为行业领先水平（图7）。

朗诗国际街区问世以来的良好市场表现，为朗诗地产打入了一针强心剂，而其独特定位，也正应和了我国建设部对于建设节能盘的政策要求，

图 7 南京朗诗国际街区“地源热泵”系统

它的诞生和成长，将对当前中国能源紧缺问题起着深远的影响。

第二节 绿色地产的坚守者

按照国家颁布的《绿色建筑评价标准》，绿色建筑是指在建筑的全寿命周期内，最大限度地节约资源（节能、节地、节水、节材），保护环境和减少污染，为人们提供健康、适用和高效的使用空间，与自然和谐共生的建筑。可见绿色住宅不是高绿化率，不是单项保温技术的叠加，更不是营销标签。它包含了对居住者体验和对环境可持续的双重含义，是一个系统工程。朗诗绿色地产认为，绿色包含了开发企业的绿色规划、绿色采购、绿色营销、绿色施工等全方位运营。而对居住者而言，绿色则意味着健康、舒适、人性化、可持续的人居价值实现。时代在发展，购房已不仅仅是栖身之用，而更多的是为了追求一种健康、舒适、环保的生活体验。绿色住宅的兴起，除了一部分开发商的自身推动外，更多地还表现为一种需求拉动。

朗诗是我国较早进入这一领域并坚持于此的专业开发商。2004 年朗诗开发了第一个绿色住宅项目——南京朗诗国际街区项目，一经推出立刻受到了市场追捧，从项目开盘到之后的二期、三期，产品销售速度和溢价率均显著高于周边竞争对手。由于当时绿色科技住宅风险仍然要高于市场上的普通住宅产品，朗诗内部管理层对以绿色科技地产作为企业长期发展战略并非完全没有异议（图 8）。11 年来，朗诗又相继开发了几十个项目，这些项目全部是节能建筑，被动节能率均达 65% 以上；采用地源热泵等主动节能技术的项目，综合节能率达到 80%；精装修成品交付的项目，室内温度、湿度、空气清新度均控制在人体最舒适的感受区间。

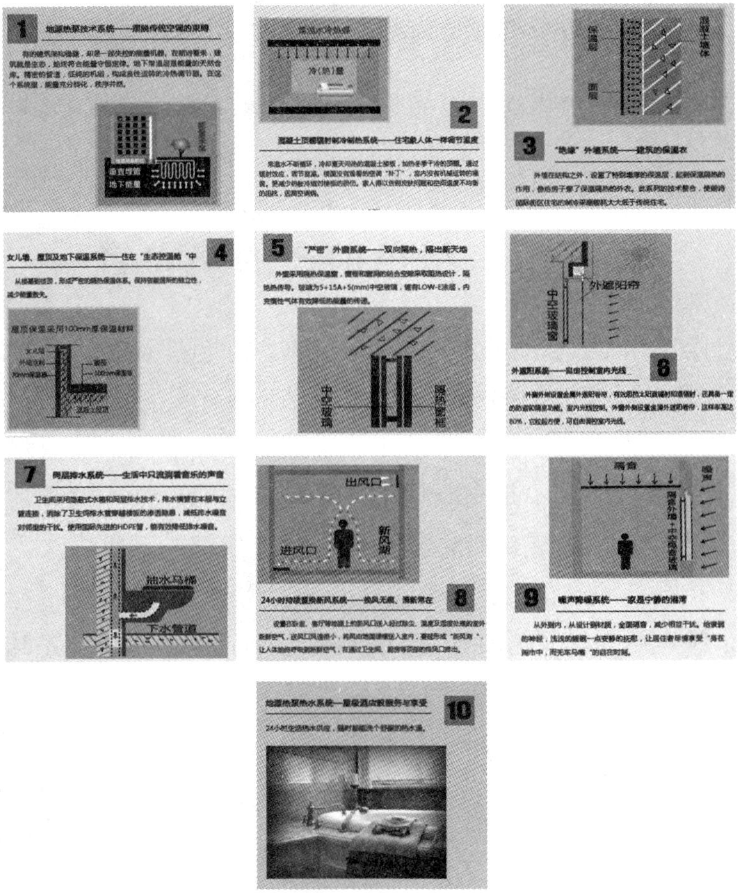

图 8　朗诗集团的绿色地产科技

朗诗能够成为国内绿色科技地产的领跑者，得益于强大的研发能力。

朗诗每年投入研发的经费不少于1亿元。为了更好地满足中国人的舒适居住体验，朗诗早年曾到欧洲“拜师学艺”，从国外引进先进成熟的绿色建筑技术，并根据长三角等地域的气候环境逐步实现本土化改进。如今，朗诗在德国法兰克福成立了欧洲科技公司，源源不断地为国内产品提供更新、更好的技术支持。

在第一代绿色科技住宅成熟产品的基础上，2011年3月30日，朗诗同步推出了系统创新后的新一代绿色人居产品，南京钟山绿郡、杭州美丽洲、上海虹桥绿郡三个项目震撼亮相。第二代绿色人居产品运用了世界领先的建筑科技，从空气质量、温度、湿度、光环境、声环境、节能率、人性化等细节着手，表现出了更健康、更舒适的绿色人居属性。在南京发布会现场，朗诗绿色地产集团董事长田明为同行和客户代表描绘了这样一种住宅：无论严寒酷暑，室内无需空调却始终四季如春，并可以实现分户调节；无论天气干燥或是闷湿，室内湿度始终保持在人体最舒适的区间；室内空气品质显著提高，针对危害人体的物理污染物、化学污染物、生物污染物均有相应的解决方案；屋顶绿化与阳台绿化、地面景观连成一体，形成一个从顶到底的大花园，并与完善的建筑被动节能技术相融合，显著增加住宅的节能率。还有智能化控制室内采光量、雨水回收系统、体现老年关怀的人性化设计。

以南京朗诗钟山绿郡为例，其公寓住宅部分进行了系统创新：在满足室内温度夏季不超过26℃、冬季不低于18℃的情况下，每年每平方米建筑能耗不超过1.5升燃油（而非节能建筑一般会达到十几升燃油，50%节能率的建筑大约是6.5升燃油）。朗诗除了采用新技术、新材料，更加注重采用因地制宜的实用技术，以南京的气候特点作为设计的前提条件，根据日照、温度、湿度、地形等，利用电脑软件对建筑规划方案进行模拟，控制并改善小区里的微环境。

新一代产品延续了朗诗住宅固有的室内置换新风系统，采用两级过滤的方式，有效过滤 PM2.5。针对室内空气化学污染，朗诗新一代绿色人居创造性地提出了综合解决方案，通过与国内外专家合作，开发了空气品质预测软件进行模拟预测，并采用体系性的措施对建筑和装修材料进行控制，从源头上防控 VOC。VOC 是可挥发性有机化合物的英文缩写，包含 300 多种物质，最为人所熟悉的就是甲醛。

由于朗诗自身规模扩大以及宏观调控带来的市场变化，朗诗于 2010 年针对首次置业的中高端客户，研发推出一款绿色住宅产品，在成本控制的情况下，采用因地制宜、简单实用的绿色环保技术，为首次置业的年轻人量身定制了青春版“未来系”绿色住宅（图 9）。比如在通风设计上，朗诗充分研究了两种使用情况：一种情况是在室外环境具备条件的时候，采取自然通风，为此，朗诗通过软件对室外风环境进行了模拟，并对小区规划、建筑平面以及开窗位置、尺寸、方向等进行调整，让住宅内有更好的自然通风效果；另一种情况是在室内使用空调、采暖或者室外空气质量不好时，则关闭门窗，开启正压新风系统，室外的新鲜空气经过初步过滤后，源源不断地到达使用区域，在节能的同时，保证室内空气的清新，这是朗诗的又一条成熟产品线。

图 9　朗诗首次置业产品朗诗未来树

朗诗又推向市场一款全新的产品，它继续保持建筑的高节能率，但将原来以栋为单位的辐射/新风技术系统，改进为一个小型的户式化系统（图10），能够分户开关、实时调节，有效支持用户的节能行为。这一产品将按照朗诗制定的环保标准，在设计、采购、建造、服务各个环节全面控制，对室内的VOC、生物污染、放射性污染等进行系统性源头检测和控制，并利用置换新风系统将室内污染物浓度有效控制在安全值以下。这个产品将配置朗诗最新的除霾系统，对PM2.5的过滤效率达到90%以上。同时，这个产品还将整合智能家居、移动互联网的相关技术，为客户提供健康、安全、舒适、智能的室内环境。这将成为朗诗未来的主打产品。在建筑节能领域，朗诗还在不断深入研究和探索。在浙江长兴太湖之滨的朗诗绿色建筑研发基地，朗诗建成了中国首个夏热冬冷地区的被动房——布鲁克被动房（图11）。被动房是指仅依靠建筑本身的构造设计，就能达到舒适的室内温度，满足冬暖夏凉的要求，不需要单独再另外安装供暖设施，即不需要“主动”提供能量的建筑。朗诗布鲁克被动房具有优异的保温和气密性能，只需要提供满足人体健康要求的新风量，足以解决大部分时间室内温湿度控制的问题，辅助能源只在夏季最炎热的时候起到补充的作用，大大节约了能源。据初步测算，布鲁克被动房相较传统住宅节省80%的能源，将成为节能建筑未来主要的发展方向。

图10 朗诗户式化系统的产品朗诗玲珑屿

图 11　朗诗布鲁克被动房

朗诗在多年的实践中感受到，“绿色”不是营销概念，也不仅意味着高端建筑科技的集合体；绿色是一个系统，它包含了开发企业的绿色规划、绿色采购、绿色营销、绿色施工等全方位运营。而对居住者而言，绿色则意味着健康、舒适、人性化、可持续的人居价值实现。

第三节　绿色科普的营销创新

2008 年，随着新一轮经济危机的爆发及国家宏观调控政策的出台，朗诗单一、高端的产品模式受到了市场的严峻考验。当时，朗诗的总资产才 20 多亿元，规模非常小。原本倡导的“技术至上”“产品主义”的导向转为客户导向和市场导向。只有让消费者了解并接受绿色人居的理念，才能实现朗诗绿色地产的品牌认知，才能实现朗诗项目销售的快速增长，在市场下行的大环境中生存，在房企的激烈竞争中不败。这就需要朗诗不仅要有传统的售楼处，还需要搭建一个平台，向消费者推广绿色人居的知识和理念，从而实现朗诗住宅产品知识信息的共享，消除消费者的消费障碍（图12）。

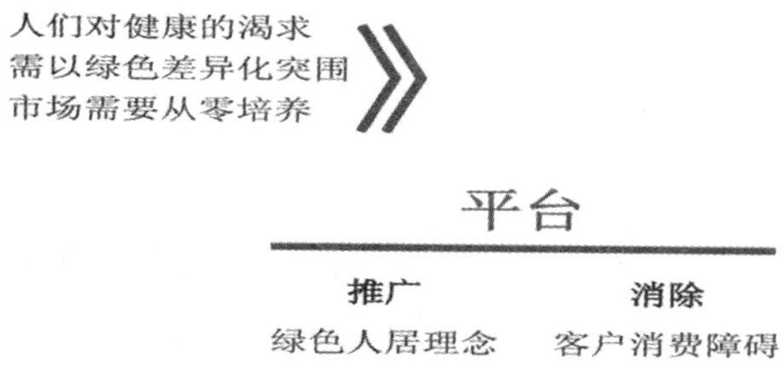

图 12　朗诗地产绿色人居体验理念

于是朗诗开创性地提出了“绿色人居馆”的构想，以科普教育基地的形式，通过图文、多媒体演绎、实验室体验、互动操作等多种方式，将多年来朗诗与国内外的专家、学者、机构一起研究和合作的绿色人居的重要问题，诸多思考、技术和发展方向付诸呈现，以客户体验的形式，为社会公众提供一次深入了解“人·城市·环境”之间关系的公益性展示（图 13）。

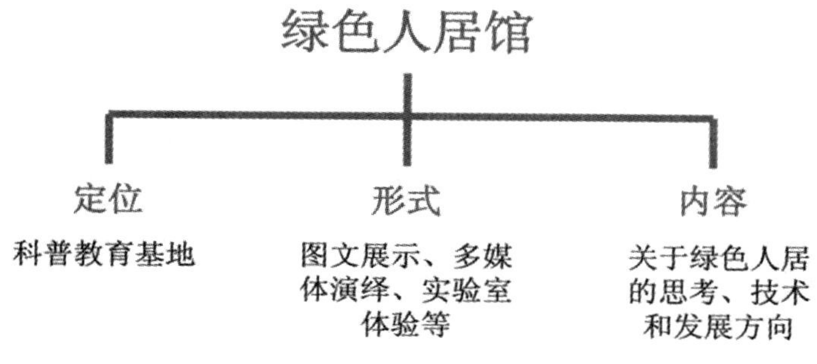

图 13　朗诗地产绿色人居馆实施模式

2011 年 3 月，伴随着朗诗新一代人居产品的亮相，朗诗在南京建成第一个绿色人居馆，并对公众开放。随后，在朗诗产品辐射到的每一座城市，都根据该城市的产品开发规模，设立相应规模的“绿色人居馆”项目，项目遍布上海、南京、苏州、杭州、武汉、成都等长江流域主要城市。2014年6月，在全新的朗诗集团办公大楼内，朗诗又建起了一个面积达1200平方米的绿色人居展示中心，并在2014年年底荣获“江苏省科普教育基地”称号（图14）。

图14　朗诗绿色人居展示中心

在布展的思想上，朗诗绿色人居馆以人的文化理念为指导，以人的生活为基础，设计故事线。如在各个展厅中，朗诗都通过对住户的回家、晚餐、入睡等生活场景的设定，将绿色人居的知识和理念融入其中，使参观者获得一种强烈的代入感，并真切感受到朗诗住宅给生活品质带来的改变。在展示的手段上，朗诗绿色人居馆以人的体验为中心，强调互动参与，如朗诗绿色人居体验馆运用了四面投影、触摸屏、多媒体游戏、投影互动等多种互动展示方式，吸引参观者去动手探索和体验。

真正绿色的住房，远远不止四面墙壁和一个屋顶，而是各种科技的集中体现。保温节能、新风置换、人性化设计、建筑隔声系统，都凝聚了现代高科技。朗诗绿色人居馆不仅采用常规的图文展板、实物陈列以及电子显示器等手段，更结合相应的高科技手段来展示相应技术，发挥多点触控、投影互动、虚拟现实等前沿的新媒体展示技术的用武之地。比如通过多媒体演示朗诗最先进的置换新风系统是怎样对空气进行两级过滤，比如运用朗诗顶棚辐射、置换新风及围护结构几大系统建设的体验间，展示朗诗温湿度解决方案，可谓相得益彰。

在推广策略上，朗诗绿色人居馆除了以科普基地的名义吸引公众前往参观外，还定期主动出击，策划举行客户吸引力和社会价值兼具的主题活动，邀请相关人士和目标客户群亲临现场，在参与活动的同时近距离体验朗诗绿色人居理念和技术。朗诗绿色人居馆的推广活动，主要包括人居沙龙和艺术跨界两种形式。

以上海绿色人居馆为例，近年先后以人居馆为平台，邀请相关行业领袖举行题为“精装技术和住宅品质提升”“巨变时代的催化剂——社会化媒体正如何改变我们”等主题沙龙活动。此外，上海绿色人居馆还与美国、英国、加拿大、德国、芬兰等领事馆合作组织人居沙龙，与长宁区科学技术委员会联合举行“室内绿化种植方法”的植树节主题沙龙等（图 15）。

图 15　朗诗绿色人居沙龙

此外，各地人居馆还举行了各种跨界的艺术展览活动。如 2011 年 11 月，苏州朗诗·东吴绿郡人居馆举行“千万国粹，书画朗诗——南北名家书画展”活动。2012 年 2 月，上海朗诗人居馆作为全国艺术巡展首发站，展出了王辉、谢艾格、林苑三位艺术家的雕塑作品，艺术家王辉更是受邀亲临活动现场，与参观嘉宾们分享艺术创作灵感，吸引来上千人次到场参观。

朗诗绿色人居馆通过主题活动策划，或在统一的绿色人居主题下，吸引来对绿色人居有兴趣和期待的目标客户群体，进一步进行教育和体验引导，培养客户对朗诗的认知，或以项目目标客户群为聚焦对象，通过跨界的资源整合吸引客户群，绿色人居教育和跨界艺术展示相互融合，达到“1+1 > 2”的效果。

朗诗绿色人居馆绝非纯粹意义上以商业目的为出发点的售楼处，或者其他一些类似的载体。它不承担任何的销售任务，而更趋向于一个教育基地，承担产学研的功能。参观者几乎在人居馆内找不到任何具体的项目信息，更多展示的是与每个人都息息相关的人居环境的真相，朗诗对绿色人居的理解，以及在朗诗项目上已经成熟运作的技术，甚至有一些可能代表朗诗尚停留在探索和思考层面的，有可能在朗诗下一代，甚至下下一代产品上才能提炼出来的先进理念。

朗诗绿色人居馆去销售化的科普基地定位，基本思路是推广绿色人居理念，消除客户消费障碍，促进项目销售。这种定位吸引了广大受众主动前往参观学习，让受众在不设防的精神状态下，深入了解绿色人居的理念，从而在潜移默化中接受朗诗绿色人居技术和理念，从中发现和培养潜在消费者，输入朗诗理念，为后续的具体项目营销打下了良好的基础。与此同时，朗诗绿色人居馆的科普教育活动把企业的营销行为提升为社会行为，把企业效益与社会效益紧密挂钩，赢得了当地政府的大力支持和社会各界的广泛赞同，更是为后续项目营销打开了方便之门。

第四节　绿色到深绿，重资产到轻资产

过去10年，背靠着行业大势，朗诗集团走出了一条独具特色的绿色地产之路。随着地产黄金10年的终结，朗诗自身的资源禀赋也发生了巨大变化，为此，2012年，朗诗用了近一年时间的思考和研究，制定出“深绿战略”

规划，朗诗集团的愿景是成为百年绿公司。

朗诗计划用五到十年的时间，从一家具有绿色科技特色的房地产企业转型为以绿建科技能力为核心，以绿色科技服务、绿色地产开发、绿色养老以及绿色金融服务为主要内容的绿色集团公司。通过业务纵向多元化和轻资产运营模式降低经营风险，应对长下行周期的影响，集团此后在代建、定制、技术服务等轻资产业务上也不断有新的动作。

“绿色”是朗诗的立业之本，是朗诗的DNA。事实上，朗诗集团对“绿色”的理解不断深化，从“绿”到“深绿”，与之匹配的公司战略逐步转型升级。

2014年，朗诗提出并坚决推动了“资产轻型化、盈利多样化”的战略转型。这要求朗诗充分利用已有的技术、品牌和管理能力，与金融机构、开发商等资源互补型企业合作，大力开展委托开发和小股操盘等轻资产项目，既能够分担集中投资的风险，也能够创造新的利润增长点。

截至2015年，朗诗已经在南京、合肥、苏州、常州、武汉、成都等多地开展了不同类型的轻资产业务模式。

战略的成本不仅仅取决于战略本身，还取决于由什么样的人来执行战略。朗诗集团的企业文化首先表现为充分的人文精神和创新精神。朗诗集团的人文精神，体现在它对待客户、员工、股东、合作者等利益相关者的诸多方面。在坚持客户导向上，从人性的角度出发，以满足客户需求为已任，以客户为最重要的利益相关者。其次，创新是企业进步的源泉，朗诗对创新的重视不仅仅体现在技术和产品上，而是全面体现在治理、经营、管理、激励等各个方面。朗诗坚持塑造企业的创新价值观，营造浓厚的创新工作环境，加强创新人才的队伍建设，建立鼓励创新的激励机制。朗诗致力于成为一家具有人文气质的创新公司。此外，在人力资源政策上，朗诗集团“为员工创造发展空间、为企业谋求更大发展”，让员工的自我价值在企业的发展中得到充分体现。在企业文化建设上，提倡简单的人际关系，营造开放式的、学习型的组织文化氛围。

14年前，当年轻的朗诗拿下远离市中心的河西地块，并且试图以南京首家绿色科技住宅的形式打破原有的地产格局时，不少人断言朗诗可能以失败收场。时间转瞬即逝，从绿色地产的先行者，到如今备受瞩目的行业领跑者，再到“深绿战略”绘就的令人澎湃的新蓝图，朗诗的道路正越走越宽。

第五节　十年机遇，百年未来

朗诗始终默默坚持自己的战略，走差异化路线，坚持做低碳、生态节能住宅，多年来始终不渝。如今，作为深海里一只新增的海龟，朗诗集团的愿景是成为一家百年绿公司。实现这一目标，需要朗诗集团的团队具备志存高远、脚踏实地、百折不挠的精神。

如果在下一个十年，朗诗可以成为一个绿色的、技术服务的、轻资产的、既包含房地产也包含其他相关业务的公司，就真正实现了一个传统房地产商的转型，可以超越房地产的行业周期，就可以面向未来提出向“百年企业”进发的目标。那时，在大海中游弋的小海龟将逐渐成长，更加懂得自然规律而畅游于海洋。

—— 案例启示 ——

绿色是朗诗的起家之本，但即便是最高领导者田明本人，对其的理解也是在不断深化，与之匹配的公司战略也是在逐步调整更新的。朗诗的运营战略核心，同样是去思考如何创造顾客，并保持这种能力。除了绿色，朗诗的核心文化还包括人本、阳光、进取，而这些已经被提升到价值观层面。

1. 绿色的差异化战略

从差异化产品到绿色战略再到科技服务，无论从地位的提升，还是事业的拓展，绿色价值在朗诗血脉中愈发浓烈，甚至凌驾于经营管理之上。

2003 年管理团队参观过北京的科技住宅，认为这种“恒温、恒湿、恒氧”的住宅，节能度、舒适度、户型符合国家未来的大方向，也符合人们在经济条件好了之后不断升级的消费需求，于是开始考虑住宅产品中的技术应用与研发。在 2004 年 3 月成立了技术研发部，开启了科技住宅的步伐。2004 年，郎诗国际街区成为朗诗的首个节能社区，通过技术应用体现产品的独特价值，正式开启了产品细分的策略。

房地产是一种类金融产品，快速扩张的方式能有效地实现资本价值的最大化，而产品细分，只能使得产品的受众更加窄，不利于快速壮大。不可否认，产品细分是谋求市场竞争的重要方式，但地产行业仍需要以广大的市场覆盖、最大限度地发挥资本的周转速度和产品规范化的快速复制为方式。其他开发商的地产项目中也会运用到各种技术，比如新风系统等，但这些技术未构成项目的核心竞争力，只是定位后与之匹配的设置。

地产行业具有如此金融产品的特质，但从人居的建筑角度出发，则是与人们生活空间相关联的日常产品，与人们的生命周期直接相关，也与朗诗的坚持有关。国际街区一期的成本较高，但是在南京市场获得的认可，二期的成本降了下来，也因此在无锡、杭州、苏州、常州、上海进行复制。

2005 年，朗诗正式把绿色科技地产作为企业的发展战略，所有的工作都围绕战略来进行，包括技术研发部到产品研发部，到后来的技术研发中心、产品研发中心，到现在的研发设计体系、欧洲公司、长兴基地。朗诗想做些和低碳、环保相关的工作，企业在制定战略时是“聚焦差异化”，在做产品时是主打“科技、节能”牌。2007 年到 2008 年“绿色”正式上升到企业的战略高度。住建部 2006 年 8 月推出绿色建筑的标准，朗诗的绿色战略也有了政策支持。2009 年年底哥本哈根气候大会上，来自各个国家的环保企业、机构的代表充分发表了不同的意见，更加重视绿色和可持续发展。“绿色”也成为了朗诗的核心价值观之一。

2010年3月，朗诗在上海召开了“绿色宣言”发布会，围绕绿色战略与世博会零碳馆建立了合作关系，并结合世博会做品牌推广的系列活动，包括在世博会举办“绿色”论坛，以及后来开展长三角区人居环境调查以及成果发布等。从那个时期开始参与到绿色建筑的认证，朗诗已经有11个项目获得了绿色建筑三星级标识。

聚焦绿色，从产品差异化的尝试，到将其上升为企业战略的高度，也是企业稳健发展中越加重视可持续性的体现。印孚瑟斯公司创始人穆尔蒂曾说，衡量一个公司成功与否的最佳标准就是看它存在时间的长短，而公司悠久的生命力源于其与社会的和谐相处。无疑，朗诗的绿色战略成为其面向未来的生命力，也努力实现产品与社会的和谐共处。

2. 科技，品牌持续发展的助推器

科技作为当今社会的推动力，在企业内部也成为产品创新的动力，更是实现产品升级、企业可持续发展的重要力量。一个企业要维持在技术领域的优势地位，就需要在当前掌握未来二十年的技术趋势，才能在未来竞争中保持竞争优势。所以，超越当前需求的长远谋划才能让企业面向未来保持竞争优势。

从2004年成立的技术研发部，到2008年朗诗科技公司的成立，科技研发与设计是朗诗差异化路上的重要支撑力。

第一代产品在苏州、无锡、常州做标准化复制，其基本特征是：温度、湿度的舒适度高，空气清新，综合建筑节能率达到80%以上，普遍采用了地源热泵这一主动节能技术。快速的复制节省了时间成本，但还没有分辨哪些技术手段是非常符合中国气候环境、中国人生活习性及中国应用率。第二代产品以南京钟山绿郡、杭州美丽洲、上海虹桥绿郡三个项目为代表，通过更节能、更环保、与自然环境更契合的方式实现产品与环境的对接。

正在研发的第三代产品，新型住宅产品将会在不同领域去探索人对居住的需求，注重空气品质，比如 VOC 对人体的危害，和温湿度等室内环境，通过技术的应用和智能化控制系统改进室内居住环境。

继南京朗诗绿色人居馆开放之后，上海的绿色人居馆也开放，其中共分为十个展厅，分别是空气、温湿度、节能、光、声、厨卫、老年关怀、收纳、绿化和梦想影视厅，呈现了目前产品中正在应用或未来产品中会逐渐使用的技术。

产品进化之外，朗诗科技公司的成立，将上海的甲级设计院、德国的欧洲科技公司和长兴科研基地纳入体系中。科技公司的发展将超越对朗诗地产的支持，还可以提供科技咨询和服务，实现价值的多元化扩展。

长兴科研基地是一个将延续 50 年的计划，作为一个试验平台，在基地上会进行创新与试验探索，比如搭建人工气候模拟室，可模拟一年四季温度、日照、降水、风力变化等，以观测对建筑技术、材料和效果的影响；在基地中心竖起的 60 米高试验塔，用于测试多层和高层建筑抗风压等性能和各种竖向测试；建造耐候性试验场，观测通过时间的推移，保温材料等各种技术材料在建筑中产生的效果变化等。科技的创新带来了朗诗集团的持续发展，也使公司的百年品牌目标有了实现的基础和动力。

3. 从产品价值到服务价值的跨越

除了前瞻性地保持绿色战略在地产市场需求上的优势外，朗诗倾向于提高技术程度，更多靠技术服务在市场上发展。包括科技公司、能源公司、物业管理服务公司以及养老业务，都建立在技术服务的优势上。这一长远规划，将技术服务作为集团未来的增长点，在地产业务不能再持续增长时，可作为有效的补充。

朗诗的科技战略业务单元由欧洲技术研究中心、上海朗诗研发设计院、浙江长兴绿建科技有限公司（研发基地）、上海朗诗节能技术有限公司组成。2011 年 10 月成立的朗诗节能技术有限公司将朗诗成熟的绿色节能技术和系统解决方案提供给医院、学校、商业综合体、办公楼、工厂、政府公建等更广泛的市场。由朗诗内生的对科技研发的重视，利用国际资源的研究与探索，将实现朗诗科技战略从产品策略上升到提供咨询服务的阶段，从产品价值到基于核心优势的服务价值的提升。

转型是企业发展阶段性的必然，如果说之前的模式是基于产品价值的创新，那未来更需要有广泛的创新视角，更注重客户价值，根据市场需求或社会需求创造性地提供服务，并结合领先的技术优势，发展在商业生态圈中的新地位。

朗诗是幸运的。在这十多年间，曾面临许多机会和风险，曾感受数不清的困惑与喜悦，也积淀了不少的经验与收获。朗诗的成长绝不是孤军奋战的结果——伙伴们的理解与支持，是帮助朗诗穿越迷雾、抵御风浪的宝贵财富。明天，朗诗将怀揣着心中的理想与信念继续前行，与您携手开始下一段的征程！

（编写：王宇凡，李纯青）

招商银行
玩转世界杯，让品牌无处不在

蛇口工业区坐落在深圳南头半岛东南部，东临深圳湾，西依珠江口，与香港新界隔海相望。在20世纪80年代以前，蛇口还是一个偏僻荒芜的小渔村，到处荒滩野岭、了无生气，只有残旧的码头和破败的船厂。如同当时中国其他众多荒寂的海湾一样，蛇口静静地等待着属于自己变革时代的来临。

伴随着“改革开放”和“以经济建设为中心”方针政策的提出，具有对外战略地缘优势的蛇口作为改革开放的首批“试验田”之一，成为中国改革开放的前沿阵地。在改革开放“开山第一炮”响过的这片热土上，创新的奇迹屡屡发生，而招商银行就诞生于蛇口这片充满着浓厚改革气息的神奇土地上。

1987年4月8日，招商银行在蛇口招北十栋蛇口工业区财务公司原址挂牌成立。招商银行的创办，被认为是来自中国金融体制改革箭在弦上的历史冲动，来自蛇口“试管”得天独厚的现实条件，来自奠基者的远见卓识和政策制定者的高瞻远瞩。

第一节　从蛇口走向世界

招商银行作为金融业的一个后来者，作为中国境内第一家完全由企业法人持股的股份制商业银行，以及作为国家从体制外推动银行业改革的第一家试点银行，在资金实力、政策支持等方面不及国有商业银行，而在资历、管理经验、服务国际化等方面又难比外资银行。在国内外各大银行巨头面前，招行显得先天优势不足。但二十几年来，招行通过自身的不懈努力，不畏艰难困苦地摸索出了一条属于自己的商业银行品牌建设之路，成为了商业银行品牌的领跑者。

招行自成立之初，就一直用心致力于建设一流的金融品牌，先后打造了多项具有里程碑意义的知名金融品牌产品，树立了技术领先型银行的社会形象。招行在 1998 年建立了中国银行业第一家电话银行中心，且于 2000 年成为国内首家提供手机银行服务的机构。2002 年，招行率先推出国内银行业第一张达到国际标准的双币信用卡，开启了“外币消费，人民币还款”的境外消费全新体验。此外，招行的移动金融、私人银行服务、“金葵花”理财以及跨行现金管理等业务和产品均处于国内银行业领先地位。

为了将品牌形象成功注入消费者心中，达到传播效果的最大化，金融企业需要精心设计品牌传播策略。在传播品牌信息时，招行紧紧抓住目标消费者的需求，并格外注重将品牌信息和广大消费者共同关注的焦点人物、事件、话题等联系在一起。从与中央电视台结成战略合作伙伴到携手分众传媒，从赞助各项文艺活动和体育赛事到进行公益营销，从举办和参加各种论坛与大型活动到构建“葵花”文化，再到进入央视春晚和贺岁电影中做植入式广告、走到公众话题中，招行总能勇于尝试，“敢为天下先”。业界常用“第一个敢吃螃蟹的人”来形容招行，也深为他们善于创新、敢为行业第一的精神所感动。

如今，28 载风霜雨雪，当年那个偏居深圳蛇口一隅、看似毫不起眼的区域性小银行已经荣登全国性商业银行核心竞争力前五名；从当初只有1亿元资本金、1家营业网点、36名员工起家的小银行，发展成为了资本净额超过3600亿元、资产总额超过4.7万亿元、全国设有超过1200家网点、员工超过7万人的全国性股份制商业银行，并跻身全球前100家大银行之列。

凭借持续的金融创新、优质的客户服务、稳健的经营风格和良好的经营业绩，招行现已发展成为中国境内最具品牌影响力的商业银行之一。在英国《银行家》公布的“2014年全球银行品牌500强”排行榜中，招商银行以53.9亿美元的品牌价值位列第44名，位居全国性中小型银行之首。2015年，全球最大广告传播集团WPP集团和市场调研机构华通明略（Millward Brown）联合发布2015年度BrandZTM“最具价值中国品牌100强”排行榜中，招商银行居第15位，品牌价值达57亿美元。

而支撑保障招商银行品牌建设和建立品牌形象的核心因素主要有三个，可以概括描述为“三个一”：

一句话，“因您而变”——品牌经营服务核心理念。所谓“因您而变”，就是以市场为导向，不断地进行产品和服务创新，以适应满足客户日益增长的金融服务需求，将满足客户需求作为招行一切工作的出发点和落脚点。现代管理学中有一句经典名言：“理念决定行动，行动决定命运。”这句话深刻地揭示了理念对企业发展的决定性作用。当国内其他银行仍然在被动等客上门，普遍高高在上、面孔冰冷、态度冷漠的时候，招行率先实行了站立服务、微笑服务、面对面服务和上门服务，很快就赢得了客户的好感和信赖。

一朵花，向日葵——品牌象征物。“向日葵”是对招行理念的生动诠释，“葵花向阳”的个性与招行“以客户为中心”的服务理念相匹配，蕴含了招行时时刻刻为客户着想的寓意。北宋司马光有诗云：“更无柳絮因风起，惟有葵花向日倾。”在招行人看来，客户是太阳，招行就是向日葵。向日葵是迎着太阳转动的，抓住阳光的方向，向日葵才能永远保持鲜艳美丽；顺应客户的需求而变化，招行才能取得长足发展。

一种色彩，红色——品牌标准色。红色给人温暖的感觉，让人有一种奋发向上的激情和力量。招行鲜红的LOGO，富有寓意的设计，拥有颇具冲击力的视觉形象，成为各品牌元素中最亮丽的一道风景线。

一句话、一朵花、一种色彩，汇聚成了招行独特鲜明的品牌个性，透过和所有客户全方位的接触点，传达招行核心品牌信息，传播招行差异化的品牌形象，为客户有效识别招行品牌、增加竞争优势创造了有利条件。

第二节　2014巴西世界杯整合营销

2014年的夏天，32支球队，64场比赛，巴西世界杯彻底点燃了所有球迷的热情。世界杯热浪来袭，成就了2014年度的最佳营销时机，几乎各行各业都在铆足了劲追赶世界杯快车，迫切渴望能搭上快车迅速抢夺市场先机。

在金融业中，招商银行向来是营销先锋，在产品、服务、技术等方面不断与时俱进进行创新。比如，1995年率先基于客户号管理在国内开发出集多种功能于一体的第一张银行借记卡“一卡通”，1999年全面启动国内首家综合性网上银行“一网通”；2002年以来，在国内推出第一个面向高端客户的服务品牌体系——“金葵花理财”，第一个面向公司客户的全面服务品牌——“点金公司金融”；2004年推出“财富账户”，被媒体称为“开启了个人金融服务的3G时代”。

再比如，2008年1月，招行在获知深圳申办第26届世界大学生运动会成功的消息后，第一时间成为其首家全球合作伙伴和唯一指定银行，并在2011年出色地完成了大运会金融服务。2010年上海世博会，招行利用世博会这一品牌推广契机，化身“世博真正的支持者”，促使招行品牌形象更加亲和、自然地深入消费者心中，成功地打了一场世博整合营销传播伏击战。

面对四年一次的世界杯，招行更是审时度势、主动出击，有效地借助世界杯的营销价值，在非世界杯赞助商的身份下积极寻得赛事营销的机会，找到金融与足球的结合点，充分利用好深度球迷、泛球迷、足球迷以及围观球迷不同的关注热点和信息接收渠道，在当今广告过剩的环境中脱颖而出（图 1）。

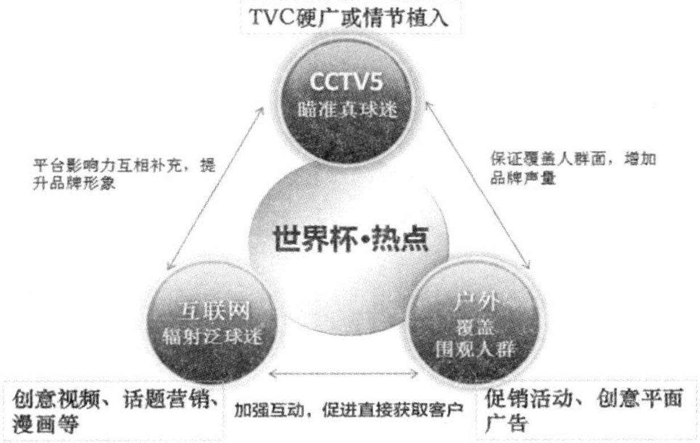

图 1　招商银行世界杯全方位营销布局图

金融行业的品牌意义远高于其他行业，银行的核心竞争力、社会影响力以及客户信任度都与品牌息息相关，相互之间的竞争就是品牌之间的较量。从 1987 年时仅有一家营业网点的地区性商业银行，发展到资产规模 1 万亿元的全国性银行，从一卡通的“一招鲜吃遍天”，再到双币信用卡超越 1000 万张的发卡量，招行的迅猛发展无不体现出强势品牌的力量。

根据美国《财富》杂志对全球 500 强企业的跟踪调查显示，如果企业的客户满意度指数每年提升一个百分点，那么，5 年后该企业的平均资产收益率将提高 11.33%。面临日益激烈的市场竞争，招行敏感地意识到，准确把握用户心理、实时满足用户需求、提高客户满意度是在硝烟弥漫的营销战场上获胜的有力法宝。世界杯期间，招行化身为球场、化身为球迷，只要是用户所关注的，招行也同样关注着。和用户站在一起，从用户的角度出发思考问题，一同为世界杯呐喊助威，为用户提供世界杯互动游戏，为用户营造世界杯气氛，是本次招商银行世界杯整合营销的核心创意。

因此，在2014年，招行以“电视+户外+自媒体+移动互联网”为最终着力点，紧紧围绕巴西世界杯，针对不同属性的细分人群策划了一系列创意十足、博人眼球的营销活动，其丰富程度在各大金融机构中独树一帜，极大地提升了招行的品牌影响力和感染力。

一、银行卡上踢球，你试过吗?

早在1998年，招行就开金融业先河，果断把握住了央视大力支持民族品牌的战略发展机遇，以十分优惠的价格拿下了央视《新闻联播》前整点报时广告。而当时还没有任何一家其他银行同业将广告投放央视平台，单纯到极致的广告环境让招行品牌一鸣惊人，从此，领先的全国性银行品牌形象深入人心。在2002年至2008年期间，招行更是持续不断地坚持在中央电视台的广告投放。

而这一次，巴西世界杯，时刻准备着的招行没有辜负历史机遇，又一次牢牢地抓住了这一千载难逢的机会。

“纵览全局，才能掌握优势。一样的财富，不一样的财富管理。”招行在CCTV5赛事直播前的黄金档节目《我爱世界杯》中播出的15秒财富管理形象广告让人眼前一亮，广告中，体育健将们正在足球场上奋力拼搏，而熟悉的绿茵场随着镜头拉高之后，竟然是一张带有卡号的“招商银行”银行卡（图2）。

招行这支世界杯广告通过球场与银行卡的结合进行金融业务的关联展现，通过球场的全景图，比喻招行在财富管理领域洞悉全局的专业能力；通过激烈的拼抢和进球，比喻招行在市场激烈竞争中的领先地位；通过球场变身银行卡的视觉处理，巧妙地将足球和银行关联起来；而银行卡号不停跳动的数字，则比喻经济、财富的变化。招行将品牌理念和赛事特质融合起来，找准了招行与世界杯的契合点，足球运动与财富管理的全局意识在广告中体现得淋漓尽致，绿茵场和银行卡的完美结合也给观众留下了十分深刻的印象。

图 2　财富管理形象广告

6 月 13 日开赛日，广告片登陆 CCTV5 的同时，也同步通过招行官方微博、微信发布，轻轻点击就可转发。广告播出后不久，就有网友在微博上表示“这广告看的是毫无违和感，招行有这样的想象力和创意也真是醉了”。招行世界杯广告赚足了观众们的眼球，其品牌传播取得了很好的效果，据统计，这则广告总计曝光量达到 11000 万，到达人群 7700 万，日平均收视率为 1.13%，最高达 1.78%，最低投放首日为 0.66%，效果可见一斑（图 3）。

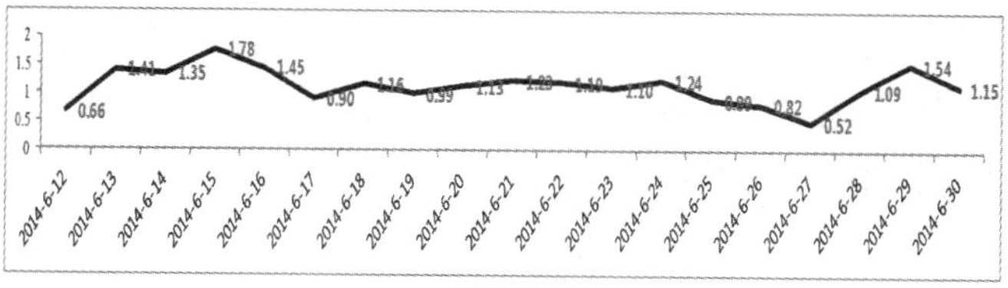

图 3　2014 年 6 月 12–30 日财富管理形象广告收视率

二、深圳机场灯箱广告——顶级阵容的震撼，公司金融广告首秀

世界杯赛事期间，除赛事结果外，最受关注的莫过于顶级明星球员。

世界杯营销怎能没有他们的身影？6 月 13 日前后，招行通过缜密布局之后，在深圳宝安机场 T3 航站楼到达大厅出口处投放公司金融世界杯系列广告（图 4），将各大球队的大牌球员组合而成的明星阵容，与公司金融最具特色的产品组合进行类比。借世界杯的热点事件，采用绿茵场、足球、球衣等视觉联想，满眼抢镜的广告牌让刚下飞机经历疲惫飞行的旅客仿佛立刻置身于激情飞扬的球场，自然将足球与招行形成品牌联想，世界杯的参与感油然而生。机场灯箱广告不仅结合热点事件巧妙地传播了招行特色业务，也让受众不禁感叹招行品牌创新的活力。

数据显示，以 2-2-5 分三排顺序排列的 9 块灯箱占据了机场有利的广告位置，并覆盖了所有到达人群（含贵宾厅）及接机人群。根据客流途经路线，前后三次广告提醒，组合密集，视觉冲击力强。同时，招行官方微博、微信及订阅号“招商银行—小招那点事”也与机场同步发布这一系列广告。线下平面与线上推广同步推进，进一步完善了多平台整合营销传播策略。机场广告投放期间触达受众 625 万人次，引起了自媒体的粉丝们对这些影子球员真实身份的竞猜与合影。你能从图 4、图 5 中的球星身影看出他们是谁吗？

图 4　金融世界杯系列广告

图 5　深圳宝安机场现场广告图

三、特约世界杯赛程魔方，掌握第一手赛讯

缺乏观众参与互动的广告难免会让人产生疲惫感，而多渠道的贴心服务才能快速提升品牌的传播力和影响力。作为球迷们四年一度的狂欢节，掌握世界杯赛程，支持自己喜爱的球队，这是球迷的每日必备功课，然而买足彩也是球迷的一大热门话题。

招商银行正是观察到并利用网友观球的行为习惯及时发布新版网银，与腾讯合作推出世界杯赛程魔方，如此一来，网友既可掌握世界杯赛程，参加招行活动，赢取足彩，又可直接前往购买足彩，充实丰富了球迷们的看球体验。同时，招行打出“微信也精彩：招商银行—小招那点事儿”“赛季必备，M+ 足球潮人卡”“看球不忘理财，招行天添金”，将招行产品与世界杯巧妙结合，为球迷们提供不一样的世界杯玩法。

赛程魔方在世界杯开赛前期上线，面向广大球迷，无论你是真球迷还是伪球迷，它都是必备的看球神器。赛程魔方赚足了观众们的眼球，仅在世界杯开赛前期曝光量就共计达 4 亿次，吸引点击量 60 万次，平均单日点击率达 0.84%，招行与腾讯此举创造了世界杯营销的新玩法，真可谓天作之合！

此外，针对世界杯赛程，各大信用卡上演了竞猜大战，持卡人通过竞猜比分或者微信互动可赢取银行提供的奖品。以农业银行信用卡为例，6 月 16 日至 8 月 9 日，每周六农行信用卡持卡人关注“农业银行信用卡”微信公众号，登录活动界面即可免费获得一次世界杯抽奖机会，赢取最高 66 元的微信现金红包，每周限量 5000 份。且每周六已绑定微信的农行 Visa 信用卡用户，还可以额外获得一次抽取价值 50 元的 Visa 世界杯纪念足球的机会，每周限量 100 个。

而招行信用卡中心的送礼力度则更大。小组赛期间，招行信用卡持卡人在关注“招商银行信用卡”官方微信后，即可参与 16 场比赛竞猜。每次

比赛后，在猜中“胜平负”结果的参加者中抽取1位赠送 iPadAir 一台。每场比赛猜中“先进球”结果的参加者中抽取1位赠送 iPadAir。16 场比赛后，拥有“完整猜中”（任意一场比赛的“胜平负”及“先进球”）记录的参加者均获得300万信用卡积分(图6)。招行信用卡中心的送礼力度如此之大，让球迷们彻彻底底感受到了“壕”的阔气和魅力！

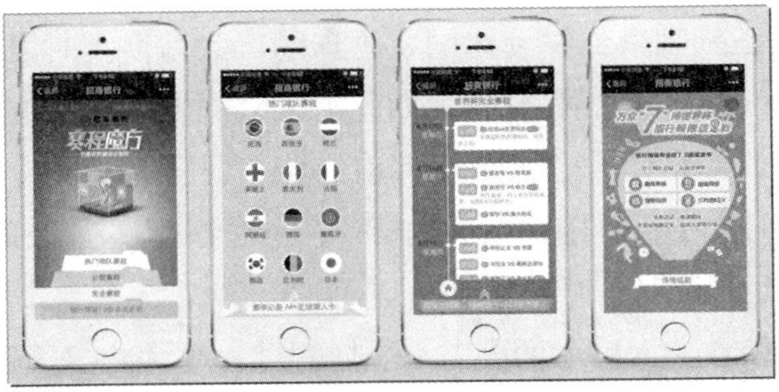

图6　赛程魔方

四、猜图涨姿势，让粉丝爱上 M+ 卡

在移动化浪潮席卷全球的背景下，伴随着受众媒体接触习惯的变化，即使对于世界杯这样的直播赛事，移动互联网仍然是承载其相关信息、讨论、互动活动的主战场，观众们利用移动设备观看体育赛事已经逐渐成为一种趋势。

招行紧紧抓住并瞄准这一点，在移动互联网集中发力，结合时下流行的手游疯狂猜图，让网友看图猜世界杯，还植入了招行 M+ 卡元素。M+ 卡是招行针对年轻一代推出的潮人卡，包括 M+ 基础卡、旅游潮人卡、数码潮人卡、文艺潮人卡、运动潮人卡、吃货潮人卡，彰显了每一类年轻人的与众不同和青春活力。M 代表了个性卡面玩设计（Modern+)、储蓄理财玩智能（Money+)、玩转二维码惊喜不断（Magic+)、玩闪付快人一步

（Mobile+)，让年轻人尽情体验了一把个性化的生活方式（图 7 和图 8）。

图 7　M+ 基础卡：红白像素，承载时间记忆

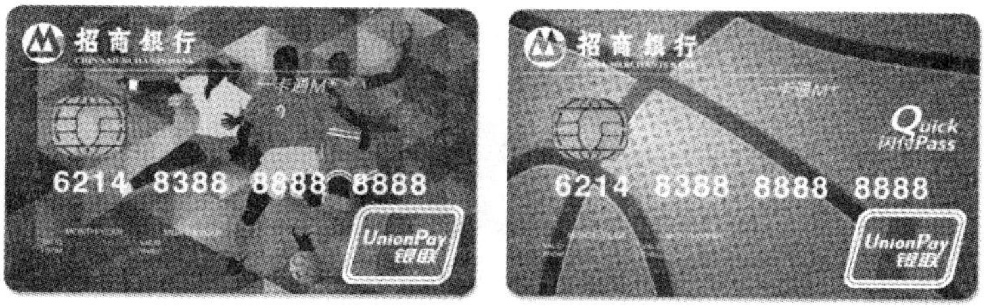

图 8　M+ 运动潮人卡：释放运动天性，畅快淋漓

猜图活动在以轻松、诙谐的图片风格向大家传递世界杯风情与历史的同时，也对招行 M+ 卡有了更多了解和更高好感度。每天提供 3 道关于世界杯的题，猜图题目以有趣的图文形式展现，答对 5 题就有机会获取奖品。世界杯期间连续每天答对题目和参与活动的粉丝会额外获得抽奖机会（图 9）。

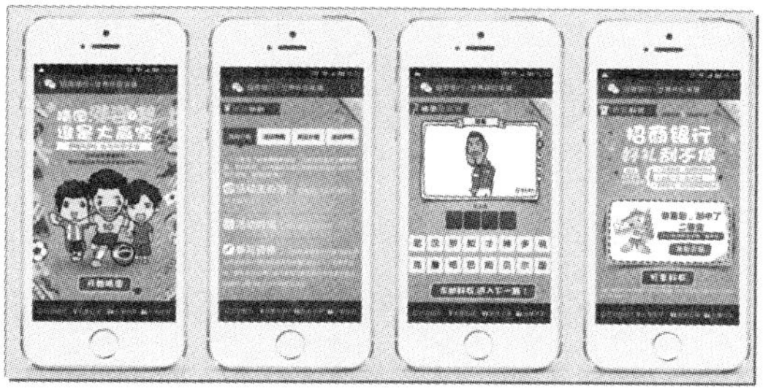

图 9　猜图屏幕

口碑传播是形成品牌美誉度的重要方式，在品牌传播的多种途径中，口碑传播最容易被受众所认同和接受。在答题过程中，允许将猜图题目分享到朋友圈寻求帮助，由此促成了二次传播的效应。猜图涨姿势累计参与人次近 8.8 万，平均每次在游戏界面停留时间为 3 分 46 秒，不少球迷乐在其中，招行的品牌形象也在潜移默化中得到进一步深化（图 10）。

图 10　猜图涨姿势

五、当世界杯遇上公益——你传球，我捐球

招行在发展的过程中始终不忘履行企业的社会责任，积极参与公益事业。设立慈善基金、抗击非典、扶贫、助学等都是招行热心公益事业的一部分，充分展示了企业承担社会责任的优良形象，从而提升品牌的美誉度和忠诚度。在广告效果日益降低的情况下，通过举行一系列的公益活动，招行获得了社会的极高称赞，同时也树立起了一个对社会负责的品牌形象。

如果将公益元素融入足球赛事将会为品牌带来怎样的效果呢？

在世界杯期间，招行推出“传球去巴西”微信互动活动，邀请朋友圈好友接力传球，通过摇晃手机的频率来决定传球的距离（图 11）。根据得分不同，前进距离不同，以传球的方式通过众人之力从中国传球去巴西。足球每前进 50 千米，招行则向贫困地区学校捐出一个爱心足球，用户在参与传球去巴西的同时还能献出一份爱心，这一活动在用户身边引起了强烈反响。

同时，招行通过全行志愿者行动来执行捐球，用爱心浇灌“心与爱的绿洲”，让贫困地区的孩子们也能体验一把踢球的乐趣。招行有效借助世界杯热潮，加上爱心接力，尽最大可能在社交媒体中进行滚雪球式传播。据统计，最后有 8.6 万名网友共计完成了 12000 千米的传球，招行共计捐出 240 个爱心足球。世界杯决赛当天，足球顺利抵达终点站巴西，招行总是能给观众带来一次又一次的惊喜！

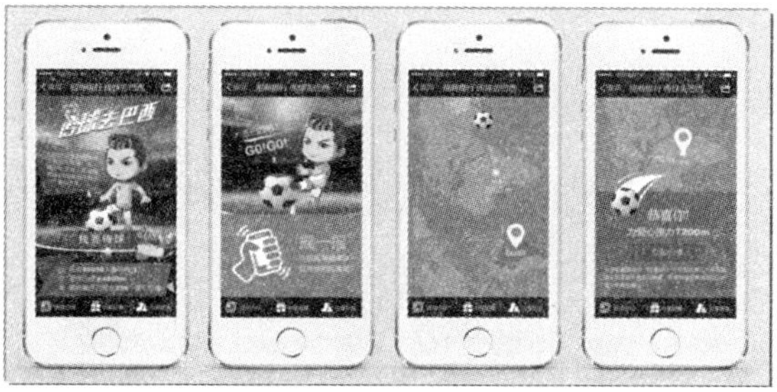

图 11　传球去巴西

六、萌翻世界杯，聚拢下一代客户

——《爸爸去哪儿》第二季开播啦，看着里面的萌娃们，粑粑麻麻们的心又触动了吧。其实小招懂你们的，自己家也有萌娃一枚，上了节目保管一样星光熠熠！”

——“2014 巴西世界杯，不要再盯着‘别人家的’那些青（s）春（e）活（x）力（y）的足球宝贝啦，自己家的更可爱！粑粑麻麻快装扮你们的足球宝贝，晒出萌娃任何与世界杯相关的照片，四年等一回！”

这是招行推出的又一项与世界杯相关的互动活动——萌翻世界杯。

随着 80 后主力军结婚生子，晒幸福已经逐渐转变成了晒宝宝，爱上世界杯，爱上招商银行要从娃娃抓起。招行瞄准了 80 后年轻夫妇的“晒娃”

心理，通过官方微博、微信及订阅号“招商银行—小招那点事”征集萌娃版世界杯头像，吸引了各路潮爸潮妈的眼球，为招行聚拢了下一代用户“小小招”。萌娃版世界杯头像上传之后，通过转发朋友圈进行拉票，名次以票数为准，1 至 10 名获得福来哥吉祥物一个，11 至 30 名获得纪念围巾一条。开心“晒娃”的同时还能有机会赢取世界杯奖品，这更加激发了潮爸潮妈们参与活动的热情。

最后，萌翻世界杯活动累计上传作品 1600 个，并且投票竞争激烈，投票总数多达 32 万次，为招行聚拢客户发挥了积极的作用。

图 12　萌翻世界杯

第三节　整合营销传播完美收官

纵观全局，招商银行 2014 年巴西世界杯整合营销结合了爱心公益、彩票、社交、晒娃和流行手游等各类元素，覆盖了电视、户外、自媒体、移动互联网等多家媒体平台传播，全方位的营销活动让人目不暇接。同时，以玩游戏的形式与粉丝形成有效互动，增加用户黏性，为用户打造了一场银行界的球迷盛宴。

作为营销界的翘楚，招行在短短 20 天内迅速收获近 800 万次互动，真是羡煞旁人，而自身产品与世界杯巧妙的创意结合让招行在此次营销传播中也获得了前所未有的曝光率及品牌提升。

在媒体对“2014年世界杯非赞助商营销TOP7”的盘点解析中，招行凭借在世界杯期间全媒体营销联动突出重围力夺榜单第三名。包括艾瑞网、广告门在内的多家网络媒体纷纷推荐招行的营销方式，总曝光高达338万次。招行世界杯非赞助商营销的登榜不仅说明了业界对招行的关注及认可，也借由世界杯各品牌争抢烧金的热点话题形成了后期多形式的品牌曝光。

媒体及社会对于“非赞助商”营销的关注度成就了招行世界杯营销的长尾效应。榜单发布后，招行借势对此榜单进行转发传播，选择2家主流报纸、2家杂志以及1名微信自媒体红人成为传播主体，仅微信转发就超过50万人次，引发了行业对招行世界杯营销的进一步讨论及关注。微信传播中，自媒体笨鸟文摘每日选材分别为热点、观点、看点、盘点，同时在微信中有自己的独立社区，新的营销模式聚拢了一大批精英读者，软文送达超过30万人，阅读量超过1万人，均超过主流媒体。当众多企业厂商在世界杯后争相在主流平台晒成绩争资源的时候，招行已经在最主流的媒体上完成了品牌传播，打了一场漂亮的收官战。

几乎所有的品牌策略都具有可复制性，但唯独不能拷贝的是不断变化创新的思维和行动，从而不断积淀品牌文化。从招行各项丰富精彩的世界杯营销活动中，我们不难看出招行的“葵花”文化生动地诠释了招行“因您而变”的服务理念。招行一直秉承着客户服务理念，以客户为中心追求创新和变革，从而获得了源源不断的发展动力，让我们一起拭目以待招行在未来创造出更多有价值、有意义的营销活动吧！

—— 案例启示 ——

招商银行“玩转世界杯”整合营销是一次典型的事件营销活动。事件营销是指通过将组织与特定活动联系在一起，来实现推销组织与其品牌的目的的品牌传播活动。随着品牌传播方式趋于多样化和消费者对品牌体验的日渐重视，事件营销越来越被企业采用，成为品牌传播的一种形式。

从招商银行世界杯整合营销案例中，我们可以看出当前时代，事件营销活动要取得成功的几点要素：

1. 选择合适的事件

大型商业银行借助奥运会、世界杯等大型体育赛事的事件营销比较普遍，这是由于这类活动的受众和商业银行的目标消费者是比较一致的，大型商业银行也有相应的资源来保证事件营销活动的连续性。和大型体育赛事联姻，有助于增加品牌的曝光率。研究表明，相比广告，参与者更乐于接受与事件相关的营销信息，消费者对事件的涉入度可以影响对品牌的情感。世界杯作为一个全民喜闻乐见、让全民 high 起来的体育赛事，有助于提升消费者对招商银行的好感。

2. 形式上新颖、创新

与数年前以赞助为主要形式的事件营销不同，企业的事件营销活动越来越多样化。招商银行用一系列活动来支撑这一场“玩转世界杯”的运动，深圳机场灯箱广告、萌翻世界杯等活动形式都很新颖，甚至是有点儿“含蓄”地传播品牌定位和形象，这种形式让受众乐于接受。

3. 互动是事件营销必不可少的元素

事件营销与广告的本质差别在于，事件营销创造了一个独特的场域，消费者、企业和品牌等主体都在这个场域之中，只有让他们互相碰撞、互动，才能提升参与者的卷入度水平，让消费者接受到品牌想要传达的信息。反之，缺乏观众参与互动的广告会让人产生疲惫感和抗拒感。随着社会化营销时代的来临，参与事件营销的消费者可以轻松地在他们朋友圈、微博上分享他们的品牌互动体验，从而让企业事件营销的效果加倍。

（编写者：刘龙珠，张瑾）

诺亚财富
不止于财富

一座三层的独栋楼，砖红色和灰色相间的石墙，简单敞亮的玻璃窗户，三楼的窗户两边整齐地挂着古老澄黄的壁灯。茂林修竹，清流汩汩，和房子交相掩映，这就是诺亚财富位于上海杨浦区的总部。黄浦江在上海蜿蜒穿行，诺亚财富总部就坐落在黄浦江在上海航程的东口，与寸土寸金的陆家嘴隔江相望。相比于全球金融中心其他地方的高调和炫目，诺亚财富就像一个隐士，虽然一言不发，但却有着强大的气场。

“诺亚”二字，取自诺亚方舟的古老故事。上帝造人之后，看到人类无休止地相互厮杀，争斗和掠夺愈演愈烈，想要用一场大洪水给人类一个惩罚，但一想到要毁灭所有造物，又于心不忍。因诺亚素日积累的善缘，他和他的家人被上帝选中，作为新一代人类的种子。他们要用歌斐木造一只方舟，搭乘世界上的各种陆上生物，来躲避这场灾难。几十天水倾如柱的暴雨之后，方舟上的人和动物开始建立一个理想的世界。

这个取名，有两层含义。第一层意思是积累和准备。诺亚和家人能被上帝选作新一代人类的种子，是因为素日的义行。整座方舟的建成亦非一朝一夕之功，巴菲特曾经说过：“准备是最重要的，诺亚并不是等开始下豪雨，才动手建造方舟的。”豪雨之中，唯有充分准备的人才能从容不迫，乘风破浪。

第二层意思是理想世界。诺亚财富，是我国首家独立财富管理机构，是树立、传播财富观和财富管理观的布道者。十几年来，基于自己对财富管理和财富的理解，诺亚财富秉持初心，就像建造诺亚方舟一样，用一砖一瓦，搭建独立财富管理行业的理想世界。

第一节　财富的守望者

诺亚（中国）控股有限公司起源于2003年。在当时，一批人抓住改革开放的良机，积累了财富，成为新富阶级。法国经济学家托马斯·皮凯蒂在其新著《21世纪资本论》中指出，在人类社会的绝大部分阶段，资本的收益率便要远远高于劳动收益率，因此这批新富阶级有着强烈的财富管理需求。而在彼时，市面上并没有合适的、系统的理财产品，可以帮助他们管理这部分来之不易的财富。

诺亚财富的创始人汪静波曾任职知名证券公司私人金融总部，她的主要工作之一就是为高端私人客户提供投资理财服务。工作中的接触和敏锐的市场直觉让她看到先富阶层对于财富管理的潜在需求。同时她也看到，市面上的金融机构大都是站在自己利益的角度，并没有站在客户角度的第三方财富管理机构。私人财富管理行业，是一片充满机遇的蓝海。2005年，诺亚财富正式成立，成为我国首家独立财富管理机构。

独立财富管理机构，是向客户提供第三方理财咨询服务的机构。所谓独立，是指他们基于对客户需求和金融产品的了解，以客观的态度帮助客户选择理财产品。它就像一座桥梁，桥的一端是客户，帮助客户筛选适合的金融产品，另一端连着金融机构，给其反馈，帮助金融机构设计产品。

成立仅两年之后，在2007年8月，诺亚财富就获得了美国最大风险投资机构之一红杉资本的注资。谈到选择诺亚的理由时，沈南鹏对诺亚财富给出了这样的评价：“激情、诚信、专注”。2009年，诺亚的高净值客户过万名，配置资产过百亿元。2010年11月10日，公司成功登陆美国纽约证券交易所，是中国内地首家上市的独立财富管理机构（图1）。随后，诺亚逐渐开展综合金融服务，截至今天，诺亚财富协助客户配置和管理的资产规模已经突破了2000亿元。

图1　诺亚登陆美国纽约证券交易所上市

诺亚秉信，“财富是努力和耐心平衡风险的成果，希望财富历代相传，非持之以恒不可”。金融投资，既能在瞬间积累巨大财富，也能在瞬间让巨大财富灰飞烟灭。这些财富对旁人不过是纸上的数字，但是对于财富的主人来说却是实实在在，数十年甚至几代人努力积攒下来的。

2015年夏天的股市让人看到杠杆资金的疯狂，罔顾风险和一味贪婪终将带来灾难性后果。巴菲特说：“只有当潮水退去的时候，才知道是谁在裸泳。”大势好时，优劣难辨，岁寒方知松柏之后凋。一直坚持稳健投资的诺亚对巴菲特的投资理念心有戚戚，坚信不能持续的事情终将消失，因此一直以来坚守稳健的风格，关注投资经理和产品的长期表现。

第二节　时间是最好的朋友

除了在投资和产品上着眼于长期，诺亚和客户之间也要“走长的”。

刚成立时，人们很少看到诺亚做广告或品牌活动。诺亚的确很少做品牌活动，也不做硬广，一个重要原因是，诺亚财富当时就像是一个初出茅庐的小伙子，没有钱，也没有精力来做这些传播活动；另一个重要原因是，诺亚不愿意为了品牌而品牌。客户选择企业，企业也在选择客户，缺乏自己的判断、容易被广告诱导的客户并不是诺亚想要的客户。

很难想象，在一开始创立时，诺亚是一个没有执照的金融机构。一个没有牌照的金融机构，怎么与其他“背靠大树”的大型机构抗衡？怎么赢得客户的信任？

别无他法，只有和客户站在一起。

别无他法，只有从客户角度出发思考问题。

别无他法，只有把产品做得最好，把风控做得最好。

在资金和精力都有限的情况下，“客户就是我们的主人，他愿意给我们钱，我们就活了”。这个道理无比简单、单纯，轻描淡写的一句，但确实是公司存活成长的金科玉律。

诺亚集中最大力量和客户站在一起，将客户收益，而且是长期收益最大化，作为自己的目标，这一点并不容易，因为当时很多金融机构都是在为自己的利益，作为第三方，能真正做到独立、客观也并不容易。很多金融机构，在客户购买之前一种表现，而客户购买之后就又是另外一种表现，令客户寒心。将心比心，诺亚和它们不一样，将客户购买服务的时点作为和客人真正关系的开始。

诺亚对自己和跟客户关系的定位是——做客户的导航器。很多理财机构和理财师对客户是大包大揽，觉得“我就是你最好的投资顾问”，有理财师在，客户就什么都不要管了。这种服务的理念固然无可指摘，但是诺亚不同，诺亚想要做的是和客户一起成长。

一切品牌活动的起源都不是品牌活动，都是客户服务，客户服务都围绕一个中心，就是和客户一起成长。诺亚年度行业峰会上，诺亚邀请具有投资智慧的专业人士，给客户讲解第一手的行业动态，和客户一起分析未来经济发展的机遇。每值冬季，诺亚财富还会组织钻石年会（图2），请客户和家人到一处温暖宜人的胜地休闲放松。无论是行业峰会，还是钻石年会，其本质都是沟通会、交流会和成长会，都是想听客户的声音。组织的形式也因客户的要求发生过变化，也是被客户“挑战”出来的。开始几次沟通会，基本上都是诺亚、嘉宾单方面在讲，后来，有客户提出不同的需求，这促使诺亚思考如何改进，“被投企业直播间”的组织形式应运而生，让客户和被投企业沟通、交流，静下心来沟通彼此的财富观，使沟通真正是双向的、有效的。

图2 诺亚钻石年会高管合影

如果说想和客户“走长的”是诺亚诞生之日的基因，是诺亚在弱小之时唯一的生存办法，那么到了诺亚强大之后，“走长的”便是诺亚对初心的坚持。成立几年之后，诺亚拜访过一行三会，领导们也给出了比较高的评价，“你们很不错”。2008年，诺亚已经获得了保险经纪牌照，立即使用牌照开展经纪业务无疑将很快助长诺亚业绩。但是，当时的诺亚却做出了一个令人匪夷所思的决定——不使用这个牌照。他们解释，当时决定不做的原因，是他们还没有找到一款能真正为客户带来价值的保险产品，只有一项产品或者服务能真正为客户带来价值和好处时，他们才会去做。

发展至今的诺亚，依然不会刻意设计做品牌活动，在硬广上依然很难看到诺亚的身影。高端客户依然是延续客户推荐的老方法，“client get client”，这样获得的客户们也都信任诺亚的理念。

从选择去做的事情中，看出一个人的能力；从选择不去做的事情中，看出一个人的品格。有时选择拒绝做什么，对一个人、一家企业而言，是更大的挑战。不过，也正是因为选择不去做不值得做的事情，诺亚才能在后来高端医疗保险、以诺教育等方面厚积薄发。

第三节　以诺教育

诺亚财富面向的都是优秀的企业家，改革开放以来他们抓住了机遇，创建了事业，积累了财富，但在家族教育和传承规划方面还有许多要学习的地方。诺亚看到了企业家对教育方面的需求，创建了以诺教育项目（图3）。以诺教育希望搭建一个持续学习的专业化平台，让商业融汇心灵，让智慧温暖人生，打造身心平衡发展的博雅教育。

北京、杭州、台湾、以色列、纽约、费城、加州……成立三年多来，以诺教育已经走过了这么多的城市。以诺教育如何不同？

图 3 以诺教育学员合影

以诺教育整合了全球最高端、最稀缺的培训资源，比如：沃顿商学院家族传承核心课程、斯坦福大学战略创新课程、耶鲁大学资产配置课程、以色列特拉维夫大学创新文化课程等。以诺教育给自己的定位很清晰：不生产知识，不做课程的原创者，而是筛选者和导航者，把世界精华引进以诺教育。法国存在主义哲学家卡缪的话似乎最能诠释以诺教育，“别领我行，莫跟我走，只需陪伴，做我益友”。

就像诺亚在为客户选择理财产品那样孜孜以求，挑选哪些优质教育资源，以诺教育同样精心精准。以以色列创新文化系列课程为例，组织以色列创新文化之旅，以诺是动了一番心思的。

犹太民族跟中华民族有很多相似的地方，历史悠久，文化积淀深厚。以色列，被称为“创新的国度”，在仅 2 万多平方千米的土地上，在纳斯达克上市的公司总数却超过整个欧洲。在仅占世界 0.27% 的人口中，诺贝尔奖获得者却高达 25%。他们尊重传统，但不固守传统；他们重视亲情，同时又鼓励孩子们大胆创新。背负着沉重的历史，流浪了上千年的民族有这样一句话，“创新是能带着走的财富”。

以诺教育认为，企业家是社会上最有行动力的一群人，应该让企业家更具有创新意识。以诺教育带领中国企业家去那里游学，和犹太人一起生活，近距离交流，参观犹太人的科技企业和投资机构。通过文化的对比和交流，让中国企业家有更深刻的体悟。

以诺教育所做的，不是应试教育，不是技能教育。教育的方式不是填鸭，不是走马观花，而是深度的体验和感悟（图 4）。200 多年来美国之所以能强盛，一个很重要的原因是教育创新。相比于中国的教育一直以教师、教材和课堂为中心，美国教育是以学生、体验、分享和交流为中心，教育本身便是生活。在体验中自省修己，在感悟中成长立人。企业家们曾与麦肯锡全球董事、《第五项修炼》作者彼得·圣吉等世界商界领袖对话，在 2015 年秋天开展的日本匠人之旅、台湾王道行，学员们体验到日本企业的极致精神，聆听施振荣论道，和林谷芳喝茶。

图 4　学员认真听讲

以诺贯行的理念，是“Turn a CEO into a real person”，让企业家回归人本。一个好的企业家不仅把企业做好，能够赚很多钱，同时还要在企业基业长青、财富稳健增长、身心平衡健康、人文艺术滋养四个方面全方位发展，能够处理好各种各样的关系。

在陪伴求学的过程中，诺亚也对客户有了更深的了解。人们可能有这样一种认识，认为中国的企业家都是土豪。企业家的子女，也被冠以“富二代”的名称，被认为是不学无术的纨绔子弟。但以诺发现，这些所谓的二代们，认真地参观工厂，认真地听课、记笔记，十分珍惜和嘉宾交流的机会。这正是以诺教育的初心：享受终身教育，传承百年家族。真正实现创新“新常态”，一代人创新的努力或许不够，就依靠几代人的努力，创造创新奇迹。

第四节　心灵成长

一直以来，诺亚并不只是着眼于物质财富的保值增值，而是认为精神财富的传承远比物质财富更重要，所以会帮助客户梳理家族精神和家族文化，协助开展家族治理。一个企业家传承给后代、给社会的，最重要的不是多少钱，而是一种精神、一种文化。

以诺教育是鼓励人们向外求知，诺亚 Care 幸福学院则是向内求索，修身养性。

2013 年初春的一天，天气乍暖还寒，诺亚 Care 幸福学院的一次公开课程——“生命之舞”，在上海扬子江万丽大酒店开课。

来自台湾的两位心灵导师，有着自己的理论体系，他们将心理和身体结合，将人体分为七个能量中心，分别与不同的情绪相连，以舞蹈为主，互相沟通和交流的游戏和其他形式为辅，引导参与者通过身体认识心灵，从而更加看清自己，掌控自己的身体和情绪，做自己的主人。

来自上海的罗先生已届中年，他拥有自己的企业，事业有成，一切看上去都很好。可是，当他面带微笑讲述自己的生活时，却不像表面上那么风平浪静：每天都很焦虑，尽管时间是自己可支配的，但是泡茶、聊天的时候都放松不下来，无时无刻不在考虑公司的问题，想要放松下来，好像也没有什么好办法。

罗先生的生活状态其实很具有代表性。人们的生活从未像现在这样富足，幸福感却没有因此增加多少。罗先生想要寻找的，是一个超越“放松”，又避免重新制造内心焦虑的“放纵”的途径，所以他不止一次来到诺亚Care幸福学院的课堂上，从发现和释放自己开始“拓荒”。

如果对这次课程做一个简单概括，那应该是游戏、舞蹈、情感沟通、心理辅导、精神分析和一点点仪式感的混合体。难怪有学员课后感叹说：“来之前还以为是心理辅导课程，没想到是舞蹈课。”（图5）

在课程即将结束之时，来自杭州的一位女士这样描述她的感受：“我从没有长久地凝视一个陌生人，开始时我们的目光都不停地躲闪，拥抱也是僵硬的，后来我才发现，这位陌生人的眼睛是那么大、那么亮、那么美，这是一种心灵沟通和能量交换。这是一种优雅的感受。”

图5　幸福密码公开课

另一位女士说：“通过这个课程，我发现我要用心去体验这些感受，这是与以往完全不同的经验，让我对家庭、同事甚至陌生人之间的关系有了更新的理解，我意识到自己以前太封闭了，总是把烦恼放在心里，以后我会尝试着多与家人和同事沟通，发现自己和他人之间关系的问题，解决它们。”

生命必然以自己的方式生长，一堂“生命之舞”和心灵导师都无法扮演上帝，却可以为意识到自己正在焦虑的人们，在日益封闭的心灵上开一条缝隙，让阳光照进来，激发生命本身的活力，以特有的方式重塑自己。

诺亚 Care 幸福学院自 2011 年成立以来，共组织了 60 多场深入心灵的课程，给 6000 多人带去幸福体验（图 6）。经过三年多的努力，诺亚 Care 幸福学院在两个层面日益成熟。首先是完整的课程体系，目前幸福学院的课程有两条线索，分别面对不同的人群。一是员工内部课程，二是面向员工家人、客户及其家人，以及面向公众的公益课程。

图 6　幸福密码公开课

其次，课程体系也日臻成熟。现在心灵成长的课程很多，水平参差不齐，也不一定适合诺亚，更为严重的是，不合适的课程会让参与者产生抵触情绪，甚至永远封闭起来，以后再也不愿意走进这样的教室。为此，诺亚设立了专门的课程委员会，四处寻找课程并亲身体验过后，再将之变成幸福学院的正式课程。

幸福学院的课程一直坚持非营利的运营，倡导学员们将爱返爱、由己做起、关爱世界，相信给予比收获更快乐，学员们在收获心灵成长的同时，也在向外给予奉献。2014 年 750 名学员捐献了 9 万小时志愿时间，2015 年截至 8 月底，1311 名学员募集的爱心善款超过 210 万元。

幸福学院如今已纳入到诺亚基金会的总体活动之中。诺亚基金会的宗旨是：“怀感恩之心；行善念之举；引富而有爱的人生；立企业社会责任”。基金会一直致力于公益，致力于让客户物质和精神更平衡，和客户一起富而有爱。迄今，除了心灵成长领域，也投身于弱势帮扶和环境保护领域。组织过的活动包括北京太阳村公益探访、重庆忠县贫困助学、佛山星儿特殊儿童关怀、上海真爱梦想中心慈善捐赠、余姚水灾志愿救灾行动、上海“鸡蛋暴走”公益筹款、四川大凉山儿童六一助学行动、诺亚星星港湾自闭症儿童关爱和厦门、西安、上海、郑州等多地公益慈善拍卖。

第五节　阿拉善治沙

如果说财富管理、以诺教育和幸福学院的关注点都在人本身，那么诺亚后来参与的阿拉善活动便是站在了整个生态圈的高度——公益的付出不应仅限于人，还有我们赖以生存的环境。和谐，是经济效益、生态效益和社会效益的平衡。

历史上，我国西北地区拥有一条由三大生态屏障构成的生态防线：贺兰山天然次生林及滩地、额济纳河沿岸绿洲以及绵延 800 多千米的梭梭林带。多年来受自然和人为因素的影响，这三个生态功能区退化严重，生态受损。20 世纪 70—90 年代，阿拉善地区荒漠化土地增加的面积相当于天津市的面积。

阿拉善 SEE 生态协会成立于 2004 年，是由近百名企业家在内蒙古阿拉善盟腾格里月亮湖畔发起的荒漠化防治环保组织。这些企业家意识到，人类赖以生存的自然环境因一些对自然不友好的生产和生活方式正在遭受到破坏。阿拉善生态协会是具有专业水平的荒漠化防治组织，拟以阿拉善沙漠为起点，改善和恢复内蒙古阿拉善地区的生态环境。

阿拉善生态协会的现任会长任志强曾提到过企业家做公益的优势。他认为，从精神、意志和能力上来说，企业家做公益和非企业家做公益存在不同。企业家更富有组织能力和冒险精神。很多像阿拉善生态协会一样的公益组织没能长大，没能产生足够的影响力，是因为缺乏企业家精神。任志强说："企业家做公益效率是最高的。"

阿拉善生态协会的一大计划便是组织社会公益力量在阿拉善的沙漠锁边区、沙漠握手区等关键生态区域种植一亿棵梭梭树。选择梭梭树的原因是，梭梭树和红柳、胡杨树并称为"沙漠三卫士"，一棵梭梭树的主根深达 2 米多，具有强大的固沙能力。经测算，一棵梭梭树可以减少 10 平方米荒漠化土地。预期植树完成后，将形成一道长 5 千米、宽 2 千米的林草锁边带，有效阻止沙漠东扩。除此之外，成年后的梭梭树可以嫁接珍贵中药材肉苁蓉，肉苁蓉有沙漠人参之称，可以为当地牧民带来丰厚的经济收益，最终形成可持续的生态农业链。

与其说阿拉善生态协会是专业治沙的环保组织，不如说其是采用社会化管理模式的一个大规模生态恢复工程。企业家们在其中发挥自己最擅长的能力，将专业治沙和商业模式结合，发挥资源整合能力和社会影响力。

诺亚认可阿拉善生态协会的理念和治沙措施，2011 年加入了阿拉善生态协会，与其一起探索民间环保组织、政府和社区合作开展荒漠化防治、生态恢复和牧民生计改善的有效机制和成功模式（图 7）。

节水小米就是这一模式的产物。

草原荒漠化的原因，归根结底是因为缺水。阿拉善地区缺乏水资源，约 90% 的地下水资源用于农业，耗水量最大。过去那里的农区普遍以大田浸灌的粗放耕种方式种植玉米，大量消耗地下水。农业绿洲地下水位平均以 0.2—0.5 米 / 年的速度下降，超过天然补给量，周边植被因此衰退。阿

图 7　种植梭梭树启动仪式

拉善地区经过多年实验，以节水小米替代玉米、推广滴灌、实施阶梯水价等方式，成功将每亩耕地耗水量降低 50% 以上。2009 年，阿拉善生态协会启动了绿色节水小米推广项目，旨在推广低耗水生产的小米作物。

节水小米也顺应了中国老子绿色哲学即无为自然的最基本思想。大自然中孕育着真正的至善至美，自然农法指的是什么也不做（无为自然）的农业方式，不耕作（不进行耕耘和中耕）、不施肥、不用化学物质、不除草的自然的农业方式。

节水小米体现的是敬天顺天，亦运用人类的智慧补天之不足的理念，生产最接近自然的食物，这种食物也对人类健康更有利。每年中秋佳节之际，诺亚都会向客户馈赠简单的礼品，作为信任的答谢。在 2014 年的中秋节，诺亚考虑何不借此机会，把阿拉善和礼品结合起来，让更多的企业家了解阿拉善的理念，传递阿拉善的精神？

于是，在 2014 年的中秋节，诺亚的客户们收到了一份别样的礼物：采用节水技术生产的有机小米。这种采用节水技术培育出的有机健康谷物，配合朴实温馨的外包装，传递着诺亚财富一贯倡导的健康、环保的生活理念，也让更多的人认识了阿拉善生态协会和其在做的事情。

除了将节水小米赠送之外，诺亚总部还展出阿拉善治沙文献展，并向 SEE 捐赠了用于植树的善款。

2014 年 9 月到 10 月，诺亚总部通过照片、影像及装置艺术（展现阿拉善当地风貌）让收到中秋节礼物来到诺亚的每一位客户对“诺亚心之林”有更直接的感受，感受到诺亚的社会责任感。

楼角落移植了 5 棵梭梭树，分别为梭梭树的 1 年生小树苗、5 年生成熟梭梭树。现场设置承诺捐赠卡与现金投递箱，客户离开时可邀请客户填写捐赠承诺卡。为了鼓励捐赠，强调 1 棵梭梭树 =10 元 = 减少 10 平方米沙漠，捐赠 1000 元及以上的客户将获赠价值 128 元的守净米一份。同时，邀请客户报名“10 月 6 日穿越贺兰山”活动，与任志强、冯仑等知名企业家一起为公益筹款而行动。

电梯出来的右手边，展示有 9 个画架，上有关于沙尘暴、梭梭树、阿拉善节水小米背后的故事。

2014 年，诺亚财富与阿拉善生态协会共同推动“一亿棵梭梭”项目，捐赠 55000 棵梭梭树用以建设“诺亚心之林”。55000 棵梭梭树以每 10 棵为一组的方式，作为一份特别的礼物送给诺亚财富的会员，让西北大漠重现充满生命希望的砂质绿野，共同守护碧水蓝天。

在 2014 年的国庆假期，诺亚财富 50 余位客户和员工更是徒步近 20 千米穿越贺兰山，深入腾格里沙漠 SEE 治沙基金栽种梭梭树，参观 SEE 节水高效农业示范基地，用实际行动践行企业社会责任，传承企业家精神（图 8、图 9）。他们从灵光寺出发，沿银巴古道—摩崖石刻—银巴古驿站遗址—宁蒙边界一路行进，最终到达老羊圈。光秃秃的山，孤零零的树，浩瀚的沙漠，给人强烈的震撼和感受，防止沙漠化蔓延是一件多么紧迫的任务。

第六节　照见自己，前程似锦

独立财富管理行业说到底是服务业，服务中有很多人与人的互动，诺

图 8　诺亚种植梭梭树队伍

图 9　穿越贺兰山

亚平时服务的主要内容还是理财师和客户之间一对一的沟通，这对很多理财师，尤其是年轻的理财师来说，是一个挑战。有人曾说理财行业，提供服务的人和接受服务的人在财富上有差距，甚至人生阅历和经验方面也存在差距。客户的水平都比较高，服务他们并不只靠一腔热血就足够，而是要有与之匹配的视野、知识及能力储备，才会有良好的客户体验和卓越的服务。

诺亚将公司的员工分为三个层面。在谈到员工时，诺亚的高层使用的都是“伙伴”这个词。

第一层是一线的理财师伙伴们。公司非常重视对他们的培训，这些培训包括公司文化层面的培训、心理的培训等。这些培训启发员工们怎样认识自己，怎样面对别人对自己的挑战，让自己的内心变得强大。许多理财师每天都认真吸收财经资讯，并将其转化为对客户的建议和信息服务。他们记录每一位客户的资产配置情况，定时向客户汇报并给予专业的建议。各个区域的总经理都是非常有经验的人，他们有的在银行工作了十几年，因为认同诺亚的文化，认可诺亚所做的事情，选择辞去稳定光鲜的工作，到诺亚来工作。他们都是有理想的人，在这些领军人物的带领和感召下，一线的理财师也是专业而有理想的。

第二层是中后台的伙伴们。他们的工作不为别人看见，但是公司给他们空间，让他们成长。公司鼓励中后台的伙伴们到前台轮岗。而不限制在单一的岗位上背后还有另一层深意，就是永远不要限制你自己，最重要的事情是“你要认识你自己”。

第三层是从事公司管理的伙伴们。他们内部有固定的沟通和反馈时间，通过在固定时间里持续的沟通，不断修正、强化彼此对公司经营理念和文化的理解。我们采访时恰逢 2015 年 6 月的股市震荡，在那周的会上，大家就讨论上周的大跌，讨论背景是什么，意义是什么，怎么和客户做沟通，自己是否从这个事件中“得到”了它的意义。

诺亚管理层的很多伙伴在金融领域经营的时间都很长，在专业知识和经验方面已有很多积累，但诺亚很特别的一点，是让“伙伴们”观照自己的心灵，用心观，用心想，照见隐藏在自己内心深处的东西。很多机构非常结果导向，这样很容易落入到具体的事情当中，而没有看到人，即所谓的“一叶障目不见泰山”，但偏偏金融行业是一个有关人的行业。只有照见自己，才能发现自己紧张处境的根源，同时也找到自己的力量。照见自己，明白自己和别人的不一样，接纳自己。

诺亚对犯错也比较宽容，犯错并不是不好的事情，犯错就是接受，但是要“不二过”。没做好没关系，但是需要“看见”，要直面问题。诺亚里也没有那么“政治”，员工不需要对自己的老板不讲心里话，所有的疑惑都可以直接讲出来，讲错了也没有关系。在开会时，有员工可以和上司“唱反调”是好的，因为只有去想才能有不同的意见。

当一个组织中每一个人都这样想的时候，文化就出现了。局外人看诺亚，认为一切都稀松平常，作为亲历者却能见识其中的“别有洞天”。正因为如此，才有越来越多的人加入诺亚。

目前，市场竞争非常激烈，信息传播速度也非常快，从过去十年来看，诺亚的一些创新的做法，行内公司会马上进行模仿。但是往往很多人看到的是诺亚的商业模式，或者在做的事情，而忽略了诺亚做这些事情的出发点和背后的逻辑，忽略了支撑这些行为的到底是什么。外在的行为和活动或许容易模仿，但是内在的信念和灵魂是难以超越的。

财富管理行业一直和钱打交道，但是诺亚一直坚持的，不能为钱而做，而是为人而做，给人带来什么价值。诺亚一直强调的，是看到“人”，看到客户这个实在的人，看到员工这个实在的人。从以诺教育、高端医疗保险、幸福学院，做这些事情的出发点就是照见人的需求，尊重人的需求，让人更幸福、更全面。在电影《宫》里，有这样一句话：“人生有三个境界，见自己，见天地，见众生。”后来的阿拉善生态协会，已经不仅仅是对人的关心，还有对自然，对一切生灵的大爱之心。

诺亚最初成立的目标，是在中国创造一个新的行业：独立的财富管理行业。在英、美等国，这也叫作投资顾问业，这是一个接近30万人的行业。在英国，通过独立财富管理机构卖的共同基金超过60%。在中国，这个行业还远没有发展起来。诺亚将继续秉持自己的价值观，一路前行。

—— 案例启示 ——

李克强总理在 2015 年提出“大众创业，万众创新”，诺亚财富的诞生，也是始于创新，从一家小型创业公司开始，成长至今。相比于其他创业公司，在金融业创业需要大量的资本投入，又有牌照准入等一系列行政要求，竞争也更为激烈，因此似乎更要困难。诺亚能走到今天，我们想，一定有一些不一样的地方。

对诺亚的访谈印证了我们的猜想。公司不论高管，还是员工伙伴们，都对我们说，“诺亚真的有点不一样”。

诺亚不一样的地方，或许不在于拥有红杉资本的青睐，也不在于她有很多在国际顶尖金融机构做到资深的高管，而是在于其特别的理念，还有与理念保持高度一致的执行。

诺亚深耕财富管理这一核心业务，不计较短期的得失，着眼于长期的回报，控制住了风险，赢得了客户。通过这一业务，诺亚看到客户在医疗、教育、心灵成长和公益方面的需求，进行产品创新，设计真正对客户有价值的产品。

《影响力》一书中提到非权力性影响力，这是一种由人自身素质形成的影响力，它既无规定的保障，也没有合法权力的约束力，但其影响力却比权力性影响力广泛、持久得多。在选择琳琅满目的今天，客户用脚投票，公司对客户有多大的影响力，就能赢得多少客户。反之，如果和客户的关系仅存在于产品，仅是金钱交换，这种影响力足够吗，持久吗？

答案当然是否定的。所以诺亚引导员工伙伴们，不管是一线的理财师，还是后台支持部门，抑或是高管，都要看到客户这个“人”，不要只看到客户的钱。如果企业看到的只是客户的钱，那么所有的互动就只存在于“钱”

的层面。只有看到客户这个活生生的人，才可以看到他的多方面的需求，看到他的顾虑，看到他的能量。如此，企业也与客户有了更多的连接点，有了更大的影响力。

商业环境的改善和技术的发展给创业带来更多可能。我们也欣喜地看到，有越来越多的人投身入创业的大军，创业公司如雨后春笋般形成。真正的创新创业固然值得鼓励，但是有多少人是真正地在创立事业？又有多少人陷入了创业魔障？有许多公司，创业艰辛时牢记客户的重要、客户的好，但是度过了创业艰辛的时期，就和当初赖以生存的客户渐行渐远，令人唏嘘不已。

诺亚的案例启示我们，公司固然有盈利的需求，但是经营应该是对人而不是钱更感兴趣。应该怀有对人本身的关怀之心，有所为有所不为，让和客户、和消费者站在一起不是空话，而应该融入到公司的血液当中。

古语道，“感人心者，莫过于情”，“士为知己者死”。如果真的能成为客户的知己，何愁没有影响力，何愁不能创立一番事业？

（编写：张瑾）

晶石灵
“最美世界杯”掀动国际狂潮

2014 年 7 月当全世界正在为世界杯狂欢涌动的时刻，也在为一个活动一个倡议热切讨论着，那便是晶石灵“最美世界杯”活动。2014 年 7 月 8 日正是世界杯进入捉对厮杀淘汰的火热时刻，法国著名演员 Elsa Couturier、国际名模 Mathilde Vernon 等在内的一群法国名媛会美女在巴黎共同发起“最美世界杯”行为艺术，高呼“We are the best”，呼吁世人反思世界杯所引发的社会问题，请男人们从世界杯中抬起头来，关注和关心身边伴侣！由彩色宝石领导品牌晶石灵打造的彩宝顶级臻品，价值近千万欧元的“最美世界杯”同时亮相法国巴黎高定时装周！这一事件立刻引起全球四大通讯社、中国最权威的媒体——新华社巴黎分社、中新社、《环球时报》、新华国际、欧洲第一华文大报——《欧洲时报》、全球权威门户网站——雅虎、欧洲顶级时尚杂志——*VOGUE* 等全球权威媒体的关注，纷纷以头条、焦点关注、专题跟踪等形式对此事件进行报道；继而法国著名演员 Elsa Couturier、国际名模 Mathilde Vernon、国际巨星刘嘉玲等重量级名人相继声援，在全球引发强烈轰动；随即，数百位微博红人在新浪微博发起“最美世界杯”话题讨论，据中国新浪微博的官方数据显示，短短两天时间内，#最美世界杯#的话题关注已超过5400万人，成为7月最热门话题之一。

凭借这次成功的全球化事件营销，晶石灵品牌影响力大幅跃升。调研数据显示，晶石灵消费者中90%以上知晓本次活动，85%以上深切关注活动并能够准确解释活动意义；非晶石灵消费者群体中的抽样调查显示，47.3%的受访者知晓本次活动，其中80%关注活动且能准确解释活动意义，70%表示通过本事件知晓晶石灵是彩色宝石知名品牌。在活动开展期间，晶石灵官方微博粉丝新增12000人，官方微信粉丝增加15000人，分别占粉丝总数的34%、21%。系列的事件传播，助力晶石灵年度业绩增长翻番，企业门店数量突破500家，月度最高峰24家门店开业，在群雄征战的彩色珠宝市场，进一步奠定了晶石灵彩色宝石第一品牌的地位。

在仅占珠宝市场份额10%的彩宝市场，在中国消费者对彩宝知之甚少的背景下，晶石灵缘何凭借"最美世界杯"活动一举成为知名的彩宝品牌，迅速占领消费者心智？这一切与晶石灵"最美世界杯"营销事件的大思维、大运作、大传播密不可分！

第一节　大思维，撼动国际狂潮为我所用

2013年，晶石灵重金礼聘华人国际巨星刘嘉玲作为品牌形象代言人，借助刘嘉玲雍容华贵、优雅从容的气质，完美诠释晶石灵天然彩宝领导品牌的高贵意蕴与奢华内涵。2014年，晶石灵战略产品系列"新奢主义"推出，布局中高端珠宝市场。然而在中国，彩宝仅占珠宝市场份额约10%，致使晶石灵的品牌知名度较低，品牌影响力较弱；伴随晶石灵业绩的飞跃发展，各地商家的踊跃加盟，如何进一步彰显晶石灵的品牌声势与品牌地位？怎

么样的品牌传播，才能匹配晶石灵的地位，并为各地商家销售提供助力？传统营销思维是以明星代言为基点，策划明星活动、围绕明星相关的周边信息，糅合品牌信息进行传播。在信息爆炸的当下社会，这种传播策略取得的传播效果日渐式微。然而晶石灵突破传统思维，开拓制定此次营销活动的大思维模式：掀动高端时尚圈为我所用—以明星代言为中场接力—撬动全民共同参与的社会化传播盛宴，最终将既有高度更有温度的品牌形象建于无形。

一、巧妙借势世界杯，翻动全球波浪

如上所述，按照晶石灵大思维营销策略设计，首先要掀动高端时尚圈为我所用，而要掀动高端时尚圈，晶石灵所策划的传播源，既需要和高端时尚本身相关，更需要让高端时尚圈也会关注的势能。那么谁是高端时尚圈呢？ 7 月份的巴黎高定时装周！

思路至此，晶石灵旋即与巴黎高定时装周取得联系，双方一拍即合，晶石灵迅速获得以唯一彩宝品牌身份首秀巴黎时装周的资格！喜讯接踵而至，世界顶级时尚杂志 *VOGUE* 法文版联系晶石灵，商洽对晶石灵进行奢华时尚报道事宜！世纪顶级奢华珠宝品牌梵克雅宝邀请晶石灵进行商务洽谈！

然而要掀动高端时尚圈的关注，晶石灵还需要一个彻底颠覆公众眼球的高端事件！经过多方比较与思考，晶石灵将目标锁定在了同在 7 月份进行决赛的巴西世界杯。作为一家彩宝品牌，如何借助世界杯的全球影响力进行事件营销？晶石灵策划了“最美世界杯”事件，并借助与巴黎名媛会的良好关系、华人国际巨星刘嘉玲的鼎力支持等高端资源，拟定了此次事件营销的大思维：立足公益，翻动波浪——在全世界为世界杯而疯狂的时刻，晶石灵不追随大流，反而以独特的创意视野，在高定时装周期间展开“最美世界杯”行动，呼吁社会反思世界杯带来的家庭问题，倡导男性抬起头来关注身边伴侣。

巧妙借势世界杯，为此次营销活动取得巨大成功奠定了扎实的基础。

1. 巧妙之一：世界杯情境触发全球关注

情境触发（contextual trigger）是激发广泛关注和口碑传播的重要因素，因此常被营销人员运用在营销策略设计中。它是指情境中存在某种线索或刺激激发人们联想并讨论产品、品牌乃至事件等。2014 年 7 月正是世界杯如火如荼的时刻，再没有任何事件能够像世界杯一样聚焦全球的目光与激情。世界杯提供了一个巨大的情境，在这个情境中，人们不仅关注世界杯，也关注与世界杯相关的一切事情，这是一场无与伦比的全球参与和互动的盛宴。

在世界杯情境中，晶石灵所策划的“最美世界杯”活动首先从名字上已与世界杯产生密切关联。当人们读到事件相关报道或者听到这个名字时，即刻便会产生与世界杯相关的联想，从而激发人们的关注与口碑传播。最重要的，世界杯期间这个情境无处不在，于是“最美世界杯”活动一开始即获得了全球的关注与口碑传播。

2. 巧妙之二：情感嵌入激发口碑传播

情感（emotion）是激发人们进行分享和口碑传播的重要前因变量。相比低唤起情绪（如悲伤、恐惧），高唤起情绪（如愤怒、快乐）更容易激发人们的分享行为。世界杯持续的一个多月里，男人们彻夜不眠看球的劲头绝对超过对其他任何事情的热情！一直以来，世界杯也似乎成了男人独享的狂欢节日，他们忽略了身边伴侣的感受，使许多女性成为“足球寡妇”，女人们由此产生并积累了诸多的愤怒与埋怨。“最美世界杯”为女人的不满构建了情绪宣泄的渠道。因此“最美世界杯”一经发起便迅速引起全球女性的情感共鸣，激发她们热烈的讨论与传播。

3. 巧妙之三：逆向思维博得人们眼球

世界杯作为一场全球最瞩目的体育赛事，无数品牌采用传统事件营销的方式，投入巨资拼球场、拼球星、拼赞助或者邀请明星代言，世界杯俨然成为一片近乎肉搏的白热化营销战场。然而晶石灵却采用逆向思维，独自开辟一个“属于女人的世界杯”战场，于是在一众原属于男人的世界、激情的世界、运动的世界中脱颖而出，成功聚焦社会关注。晶石灵“时装周 + 名模 + 巨星 + 天价珠宝 + 世界杯 + 爱 + 争议”的方程式，落脚在反思世界杯的社会事件的独特视角，引起巨大的反响也在情理之中。

二、全球化运作，国际国内无缝衔接

晶石灵“最美世界杯”活动借势于世界杯，由巴黎名媛会发起，引发国际高端媒体纷纷报道，因此从一开始便站在国际的高度上。但晶石灵目前仍专注于国内消费市场，那么此次营销活动能否将国际关注引入国内，激发国内消费者关注与讨论，最终在国内市场完美落地至关重要。而这一切，晶石灵做到了！

巴黎名媛会发起“最美世界杯”行动，迅速引发国际关注——凭借世界杯的情境、巴黎名媛会的国际影响力，在世界杯和巴黎高定时装周期间，由巴黎名媛会发起“最美世界杯”行动，从而迅速引发国际高端媒体的跟踪报道和舆论关注。

明星接力，扩大影响——品牌代言人刘嘉玲出面声援“最美世界杯”行动，使在国际高端时尚圈中翻动波澜的“最美世界杯”行动迅速为国人所关注。

社媒发力，撬动口碑——通过新浪微博、微信等社会化媒体的大量红人、媒体转发及参与，引导网友关注、讨论。

打造关注点，强势植入品牌——在“最美世界杯”活动中，打造一个与晶石灵息息相关的标志性话题，让对该活动的关注等同于对晶石灵的关注。

紧握传播机遇，强化品牌声量——晶石灵首秀巴黎高定时装周、梵克雅宝抛来橄榄枝等事件，无一不透露着晶石灵品牌的高贵魅力与高端地位，晶石灵亦抓紧机会，策动报纸、门户、时尚网站、BBS、微信、微博全媒介出击报道，让消费者感知晶石灵的高端奢华地位。

第二节　大动作，整合多维资源惊艳全球

为确保策略落地，晶石灵在执行过程中必然要保证每个环节都能实现预期的目标，才能环环相扣，击鼓传花。与此同时，2014 年，晶石灵战略产品系列“新奢主义”推出，布局中高端珠宝市场。然而如何改变消费者认知，打造晶石灵高端彩宝品牌形象？晶石灵将品牌形象塑造融入此次营销活动事件，最终通过几大动作，让晶石灵话题不断、亮点频现，并在此过程中树立了晶石灵高端彩宝的品牌形象，占领消费者心智。

一、精美绝伦“新奢主义”艳绝巴黎，展示高端彩宝品牌形象

产品是品牌最直接的体现。巴黎时装周期间，晶石灵出动 20 位高端彩宝定制专家，倾心定制出 12 件精美绝伦的“新奢主义”彩宝系列，为在巴黎时装周的惊艳一秀做足功夫。皇天不负有心人，晶石灵这个全球唯一亮相的彩宝品牌，在 Les Jardins Du Marais(马莱公园酒店) 上演了惊艳一秀，从 CHRISTIAN DIOR、CHANEL、JEAN PAUL GAULTIER 等得到了高级定制时装的资质标签的传统资深玩家中脱颖而出。在代表

彩宝品牌首征巴黎的里程碑式一役中，全球首发的“新奢主义”大放异彩，与章子怡、姚星彤两大中国明星同时成为本季服装周的最大惊喜。“新奢主义”概念彩宝一经亮相，即引发欧洲高端时尚圈的高度关注，被媒体称为“对奢侈时尚的一次重新理解与定义”，展示了晶石灵高端彩宝的品牌形象（图1）。

图1　CHENIM 晶石灵唯一亮相巴黎高定时装周彩宝品牌

二、千万欧元打造“最美世界杯”，彰显高级定制顶级工艺

为了在“最美世界杯”事件中始终有一个贯穿其中的关注焦点，并与晶石灵品牌紧密相关，晶石灵出动25位高级定制专家，斥资千万欧元，打造了一个以黄金以及各式名贵彩宝镶嵌而成的“最美世界杯”，凸显晶石灵的高端定制地位（图2）。

“最美世界杯”整体外形与“大力神杯”相似，躯干由纯金打造，顶部的“地球”部分，则以珍稀的彩色宝石金发晶取代，因为传说贵重的金发晶能带来爱情与财富的正能量，象征永恒的爱情之光。单是这个金发晶球体，价值就接近300万欧元。底部两圈继续延用经典“大力神杯”的墨绿色孔雀石，而杯体上，更是以一颗硕大的红宝石为中心，嵌满了紫龙晶、碧玺、拉利玛等彩宝。据中国国际彩宝风尚大典主办方介绍，“最美世界杯”，“无论是用料之讲究还是工艺之精细，都完全可以称得上

图2　由纯金、金发晶、孔雀石、红宝石、碧玺等打造的“最美世界杯”

是近年来世界彩宝定制的巅峰作品”。“最美世界杯”的出现既为此次营销事件提供道具，又同时彰显了晶石灵在高级定制领域的顶级工艺。最重要的是，它将此次活动与晶石灵密切联系在一起，从而顺理成章地将人们对于此次活动的关注转化为对晶石灵品牌的关注，极大提升了晶石灵的产品与品牌形象。

三、巴黎名媛会鼎力相助，占领国际时尚制高点

要让“最美世界杯”一发起即具有国际影响力，就必须依仗在高端时尚圈拥有举足轻重地位的高端组织，晶石灵获得了巴黎名媛会的鼎力相助，在巴黎时装周期间发起的“最美世界杯”活动，就是由法国著名演员 Elsa Couturier、国际名模 Mathilde Vernon 领衔的巴黎名媛亲自参与，在埃菲尔铁塔、卢浮宫、大皇宫、香榭丽舍街等巴黎著名景点前，巴黎名媛们手捧晶石灵千万欧元“最美世界杯”、打出“We are the best”口号，让行动瞬间引爆高端关注！《欧洲时报》、新华国际、雅虎、《环球时报》、*VOGUE* 等全球顶级影响力媒体争相报道（图 3）。巴黎名媛会是国际时尚的制高点，巴黎名媛的参与也传递出晶石灵高端时尚的品牌形象。

四、代言人刘嘉玲鼎力支持，传播品牌高贵形象

将国际影响力引向国内，一位具有国际地位的华人明星是关键，晶石灵品牌代言人刘嘉玲成为了本次传播策略落地的关键中转者。在她的带领与支持下，“最美世界杯”行动火速引爆国内网友关注，新浪微博数千万网友火热关注、讨论。

与此同时，刘嘉玲作为晶石灵品牌代言人，其气质与魅力非常契合晶

图3　巴黎名媛会发起"最美世界杯"行为艺术，轰动巴黎时装周

石灵天然彩宝的精髓，华贵而气度不凡。刘嘉玲本是一个很有风范的女人，似乎任何事情都影响不了她与生俱来的优雅与魅力；同时，她也是一位充满智慧的女人，专业、真诚、豁达。显然，刘嘉玲的高贵优雅与晶石灵品牌形象高度一致，而她对"最美世界杯"的鼎力支持更是对晶石灵高端品牌形象的大力传播（图4）。

五、晶石灵中国国际彩宝风尚大典，彰显品牌不凡实力

中国国际彩宝风尚大典由晶石灵联袂中国珠宝玉石首饰行业协会、广东省彩宝首饰商会共同举办，是国内规模最大、规格最高的彩宝行业盛事，既是中国彩宝行业的风向标，也是众星云集的时尚盛典。它的举办均会牵引着无数媒体蜂拥而至，它的举足轻重，不仅仅是因为华美异常的珠宝大秀、明星大咖的亮相，更在于它代表着彩宝行业的发展方向和投资机遇、始终刺激着各路投资人以及珠宝从业人员的心

图4　刘嘉玲声援“最美世界杯”

跳。2014 年 8 月 15 日至 17 日，备受全球彩宝界和时尚界瞩目的晶石灵“新奢领航，资本创世”中国国际新奢彩宝风尚大典耀世开启。此次风尚大典不仅将晶石灵“最美世界杯”活动在国内延续和火热升温，更从三个方面有效彰显了晶石灵品牌实力，全面传播晶石灵高端珠宝的品牌形象。

刘嘉玲等名人名媛齐聚，再为晶石灵代言。彩宝风尚大典期间，刘嘉玲和法国名媛会代表等出席盛会，为晶石灵领衔彩宝行业增添浓墨重彩的一笔。

原版“新奢主义”中国首秀，晶石灵成为顶级彩宝代名词。巴黎时装周顶级彩宝饕餮盛宴——晶石灵“新奢主义”彩宝系列中国首发，“新奢主义”是晶石灵深耕十余年高端彩宝市场沉淀而成，专为现代高端女性量身定做的时尚理念，贴合社会最前端的消费潮流趋势，它糅合了东方文明精髓和西方表现形式，全新演绎出不一样的奢华。“新奢主义”的亮相俨然使晶石灵成为顶级彩宝的代名词。

亿元“最美世界杯”来华首展，彰显晶石灵彩宝文化。价值亿元人民币的“最美世界杯”也惊艳亮相彩宝风尚大典。法国名媛会成员卡拉·布吕尼专程从法国护送臻品彩宝作品“最美世界杯”来华首展。“最美世界杯”不仅展示出高端定制彩宝的魅力，更寓意女性的自信与自宠，彰显晶石灵彩宝文化。与此同时，晶石灵展出两款同为高级定制彩宝作品的“彩宝比基尼”，这两套彩宝比基尼是基于晶石灵“宠爱自己，世界才会宠爱你”的新奢理念设计而成，璀璨的彩宝是为了装点出更为华美的人生，表达晶石灵帮助女性树立关爱自己，宠爱自己的新时代生活理念。

综上，晶石灵“新奢主义”系列产品为自己代言，惊艳首秀奠定晶石灵高端彩宝品牌地位；千万欧元“最美世界杯”彰显晶石灵高级定制的顶级工艺；而巴黎名媛会的参与、刘嘉玲的代言则塑造了晶石灵时尚高贵的品牌形象。中国国际风尚彩宝大典将以上元素一一呈现，如此通过多维资源整合传播，晶石灵高端彩宝品牌形象深入人心。

第三节　大传播，整合各种媒体有序有效发声

一、全媒介阵容出击，有序传播

为了对策划、执行的事件进行全面传播，并利用媒体的力量，将事件发酵、放大，最终实现晶石灵品牌的广泛传播，晶石灵通过公关传播手法，有效组织了从传统媒体到社交媒体的全媒介阵容，并对系列媒体的发布及运用进行了严密规划及把控（图5）。

高能辐射——发动新华国际、《欧洲时报》、雅虎、《环球时报》等

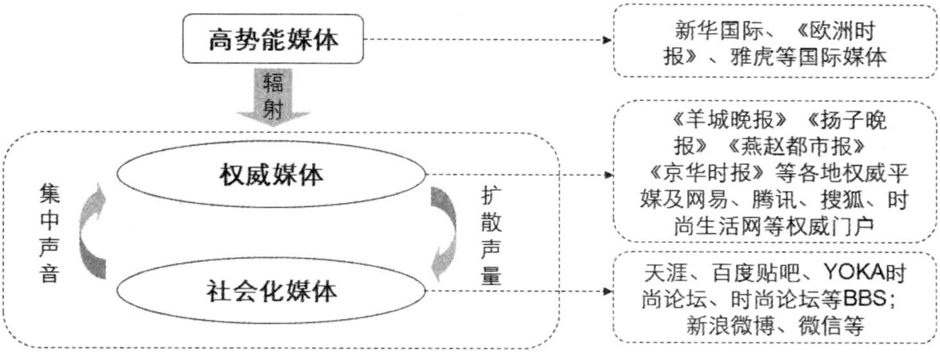

图 5 晶石灵品牌传播

具有国际影响力的高势能媒体，进行辐射，带动其他媒体报道；“最美世界杯”甫经实施，即通过新华社、中新社国内两大通讯社以及欧洲时报、雅虎等国际媒体大肆报道。

权威发声——通过公关操作手法，让《羊城晚报》《扬子晚报》《燕赵都市报》《京华时报》等各地权威平媒，以及新浪、网易、腾讯、搜狐、时尚生活网、瑞丽网等权威门户及时尚、女性类权威网站集体发出晶石灵的品牌强音；在此等高势能辐射下，“最美世界杯”的报道迅速登录百度新闻、时尚生活网等的首页新闻。

引发讨论——通过各类论坛、微博、微信等社会化媒体，引发目标人群关注并参与话题，一则让话题在发酵中无形传播品牌，二则通过社会化媒体的裂变特性，让品牌信息通过一传十、十传百的裂变效应无限延伸；随即，数百位微博红人在新浪微博发起“最美世界杯”话题讨论，短短 3 个小时，该话题即冲至新浪热门话题榜前三！仅次于当天的世界杯 # 荷兰对战阿根廷 # 以及陈光标 # 世界首善 # 话题。瞬间吸引数百万人阅读，并以每天数百万人次阅读的速度飞速飙升，两天时间内关注人数超过 5400 万人！大量报纸、网站、媒体微博、媒体微信同步报道，“今日头条”“搜狐新闻”等强势智能手机客户端争相报道！

互动发酵——在“权威媒体”和“社会化媒体”的运用中，通过以“权威媒体”发布报道引发网友在“社会化媒体”中的讨论，再通过整合“社会化媒体”中的网友声音，再次通过“权威媒体”进行集中引导，让晶石灵相关话题在多种媒介的互动发酵中成几何级数放大！

二、线上线下互动，放大传播效果

2015年3月5日，李克强总理在政府工作报告中指出，“把以互联网为载体、线上线下互动的新兴消费搞得红红火火”，于是线上线下互动成为当今市场营销最热门的概念和营销策略。具体而言，线上是指通过各种媒介形式（如电视、广播、报纸、互联网、灯箱、路牌等）将品牌信息以软、硬广告的方式进行传播；线下是指通过其他非媒体形式（如发布会、路演、折扣优惠、会展、活动、抽奖、买赠等）进行宣传推广活动。此次晶石灵“最美世界杯”活动通过将线上优势和线下资源进行整合，取得全方位的传播效应。

线下优势资源发起：晶石灵“最美世界杯”首先由巴黎名媛鼎力协助，在巴黎著名景点前，名媛们手捧晶石灵千万欧元“最美世界杯”、打出“We are the best”口号，意味着最美世界杯活动正式发起！此举一鸣惊人，立即引来《欧洲时报》、新华国际、雅虎、《环球时报》、*VOGUE* 等全球顶级影响力媒体争相报道。

线上争相报道：继顶级传统媒体开启报道之后，其他传统媒体与社会化媒体纷纷跟进，包括互联网门户网站、地方主流媒体等，尤其是社交媒体的话题讨论使得最美世界杯活动持续发酵，形成万花齐放的局面。

线下活动火速跟进——随着网络声量的不断扩散，晶石灵迅速乘势部署各地地面声援“最美世界杯”的活动，在北京、广州、上海、青岛等地，晶石灵一声号召，数以千计的国内美女纷纷走上街头，集体声援“最美世界杯”，引发各地媒体跟踪报道。此举再次为晶石灵“最美世界杯”活动助势（图6）。

图6 北上广等各地美女街头集结声援“最美世界杯”

三、传统媒体与社交媒体联动发声

传统媒体与社交媒体各有所长，传统媒体事前效应大于社交媒体，社交媒体的口碑传播效果则好于传统媒体。晶石灵“最美世界杯”活动首先由传统高端媒体《欧洲时报》、雅虎、新华国际、《环球时报》、《羊城晚报》、《扬子晚报》、《燕赵都市报》、《京华时报》等开启报道，将整场活动的事前效应最大化，为后续活动的开展与口碑传播奠定良好的基础；继而由社交媒体包括各类网站论坛、微博、微信等引发爆发式口碑传播，激发大规模人群的关注与讨论，从而将整场活动的影响力推向高潮。最终实现晶石灵品牌知晓和美誉的大幅提升，品牌形象得以升级。

四、全员全力投入初见成效

晶石灵的前期策划成功撬动了媒体的响应：除有国际影响力的高端媒体外，全国18个省级地区的数十家权威报纸、全国超300家最具影响力的权威综合类、时尚类及女性类网站对晶石灵品牌相关信息进行了深度报道；晶石灵品牌相关互动话题讨论在全国上百个人气最旺的BBS热烈讨论；数百个媒体微博、媒体微信、红人微博等大号纷纷加入对晶石灵品牌事件的传播和讨论，引导网络话题迅速发酵。

同时，晶石灵团队上下一心、全力投入，通过微博、微信、QQ等各种形式，全员以社交工具影响身边的意见领袖、意向客户，各区域经销商、加盟店成员也投入到本次传播战中。仅此一项，影响的意见领袖、意向客户等高质量人群就超过10万！

另外，传播为品牌造势，品牌为销售助力！晶石灵秉持实效营销的精神，在这一轮亮点突出、势如破竹的品牌传播战役中，为了充分利用本次媒体报道引发的品牌效应，晶石灵积极引导各地区经销商、加盟商充分利用本次传播的亮点事件及媒体刊登的稿件，针对当地情况自行邀请当地媒体发布，为终端销售导流。

在周密的安排、积极的运作下，晶石灵2014年公关传播取得了耀眼的成果。新浪微博“最美世界杯”话题进入热门话题榜前三的位置；@全球热门排行榜、@一句话诗情表白等诸多微博红人#最美世界杯#话题微博被大量转发；新华社手机客户端、搜狐新闻手机客户端、今日头条手机客户端等争相报道。

图 7　新浪话题榜及话题浏览人数、参与讨论数截图

晶石灵本轮公关传播，超人气的影响力和关注度成为营销界最受人瞩目的焦点案例。2014 年 7 月 23 日，由全球整合营销之父、IMC 创始人——唐 · E. 舒尔茨教授、世界 500 强品牌教父、凯洛格商学院市场营销系主任博比 · 卡尔德教授共同创办的舒尔茨（中国）整合营销咨询机构，其官方微信以头条图文信息的方式，主动对晶石灵“最美世界杯”进行案例整合与研究分析，在业界引起了热烈反响。（备注：舒尔茨整合营销咨询机构是全球著名的营销机构，长期为苹果、谷歌、宝马等世界500强企业提供咨询服务。）

—— 案例启示 ——

晶石灵“最美世界杯”案例入选“2014最具创意营销案例”，与让全世界人们疯狂地将一桶冰水从头向下浇下的“ALS”冰桶挑战案例比肩。晶石灵虽然不是世界500强企业，策划此次事件营销的橙氏公关也只是一家新崛起的公关顾问及数字营销公司，但他们却让我们看到了一个全球化策划、全球化运作、全球化传播的精彩营销案例。

从策划伊始，晶石灵就放眼世界，寻找最有利于晶石灵开展品牌推广的资源。当世界500强企业纷纷花费巨资投入体育赞助营销、聘请明星代言时，当全世界为男人的足球而疯狂时，晶石灵反其道而行之，借由女人不满被冷落，呼吁关注女性，关注世界杯引发的社会问题，倡导“最美世界杯”行动。这一策略不仅充分利用了世界杯情境，从而提供随处可见、随处可想的线索或刺激激励人们关注和讨论“最美世界杯”活动，而且成为女性情感宣泄的出口，女性不满、自爱、自宠的情绪被充分唤起，进一步激发人们的分享和传播行为。

在运作方面，晶石灵走出国门，整合全球资源为品牌营销造势。为塑造高端彩宝品牌形象，晶石灵邀请巴黎名媛会作为“最美世界杯”的发起者和倡议者，使得巴黎名媛的高端时尚形象与晶石灵品牌形象联系在一起，同时引发国际顶端媒体的跟踪报道；与此同时，晶石灵不惜重金打造价值千万欧元的“最美世界杯”，向世人彰显晶石灵顶级高级定制工艺。另外，刘嘉玲作为晶石灵品牌代言人，其高贵气质和国际地位无不使消费者对晶石灵产生美好的联想和向往。

在传播方面，晶石灵“最美世界杯”活动先后借助高势能媒体、权威媒体、社会化媒体进行由高向低全方位辐射性传播；并通过组织线上线下互动，放大传播效果，通过整合传统媒体与社会化媒体，实现有序传播；通过动员全员参与营销，最大化传播声量。

（编写：刘蕾）